AF464948

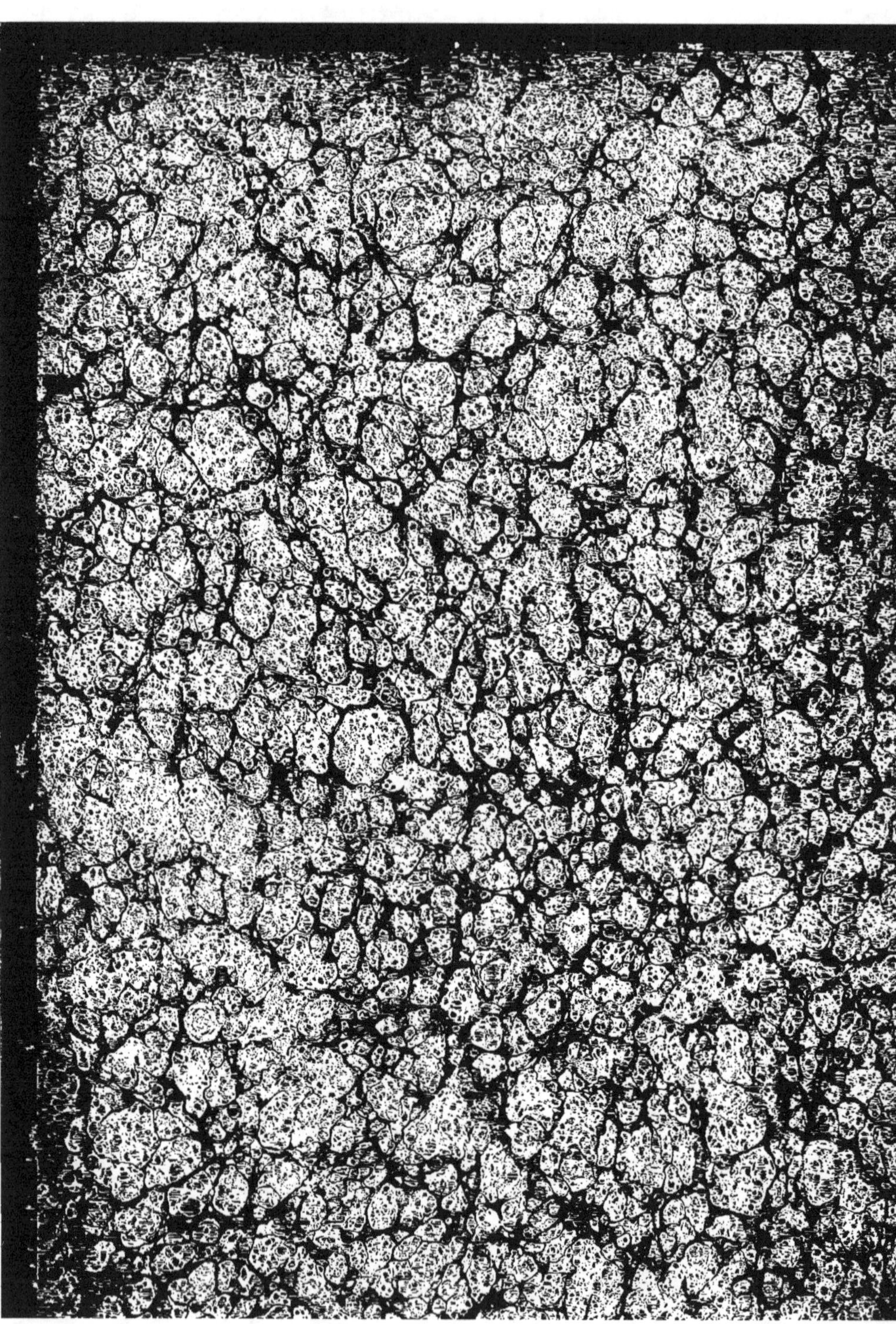

LA FRANCE MODERNE

L'ARMÉE DU NORD

(1870-1871)

CAMPAGNE DU GÉNÉRAL FAIDHERBE

PAR

EDMOND DESCHAUMES

OUVRAGE ILLUSTRÉ DE 33 COMPOSITIONS

PAR

G. TIRET-BOGNET

ET D'UNE CARTE DES OPÉRATIONS MILITAIRES

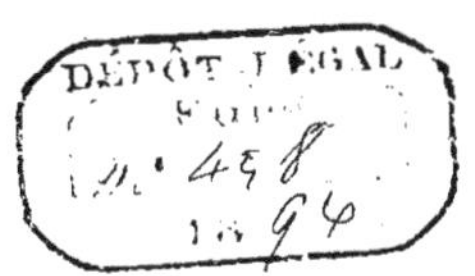

PARIS

LIBRAIRIE DE FIRMIN-DIDOT ET Cie

IMPRIMEURS DE L'INSTITUT, RUE JACOB, 56

L'ARMÉE DU NORD

(1870-1871)

OUVRAGES DU MÊME AUTEUR

PUBLIÉS DANS LA MÊME COLLECTION

La Retraite Infernale (ARMÉE DE LA LOIRE 1870-1871), illustrations de QUESNAY DE BEAUREPAIRE.

Le Journal d'un Lycéen de quatorze ans pendant le siège de Paris, illustrations de COURBOIN.

TYPOGRAPHIE FIRMIN-DIDOT ET Cie. — MESNIL (EURE.)

Faidherbe, brisé de fatigue, arrive à Cambrai la nuit de la bataille de Saint-Quentin.
(Page 260.)

LA FRANCE MODERNE

L'ARMÉE DU NORD

(1870-1871)

CAMPAGNE DU GÉNÉRAL FAIDHERBE

PAR

EDMOND DESCHAUMES

OUVRAGE ILLUSTRÉ DE 33 COMPOSITIONS

PAR

G. TIRET-BOGNET

ET D'UNE CARTE DES OPÉRATIONS MILITAIRES

PARIS

LIBRAIRIE DE FIRMIN-DIDOT ET Cie

IMPRIMEURS DE L'INSTITUT, RUE JACOB, 56

1895

PRÉLIMINAIRES

PRÉLIMINAIRES

I

L'armée de Mac-Mahon avait capitulé à Sedan ; celle de Bazaine était paralysée sous Metz. Sur la route de Paris, ouverte au vainqueur, un seul corps d'armée (celui de Vinoy) se repliait avant d'avoir eu le temps de se concentrer.

La hâte que ce malheureux corps mettait à se dérober à la poursuite des Allemands ne fut pas faite pour rendre espoir aux habitants des régions qu'il traversa. Son passage y présenta la vivante image de la défaite, la déplorable évocation de la désorganisation et de l'impuissance de nos armes ; et les témoins de ce lugubre spectacle contemplèrent, la mort dans l'âme, cette retraite du dernier corps régulier appelé à la défense de Paris.

Vinoy ne disposait que de la division Blanchard, de l'artillerie de la division d'Exéa, et du 6e hussards. Encore cette division Blanchard ne comptait-elle que deux régiments solides, le 35e et le 42e de ligne que l'on avait tirés de Rome; les deux autres étaient des régiments de marche incomplètement encadrés, formés de quatrièmes bataillons pris dans les dépôts et composés de recrues dont l'instruction militaire n'était même pas ébauchée.

Les hommes de ces deux nouveaux régiments ne connaissaient pas le maniement du chassepot; Vinoy avait dû les envoyer à la cible, où ils avaient tiré quatre balles par fusil. C'était tout ce qui avait été possible de faire pour que les armes de ces conscrits ne fussent pas inutiles entre leurs mains.

Un grave danger menaçait, en effet, le corps d'armée. Son parc de réserve n'ayant pu le rejoindre, l'infanterie ne disposait que des cartouches qu'elle portait dans ses gibernes; mais, fort heureusement, les soldats ignorèrent jusqu'à la fin que leur chef n'aurait pu, faute de munitions, songer à tenir tête à l'ennemi, si celui-ci avait inquiété de trop près sa retraite hasardeuse.

Vinoy, en arrivant à Mézières, n'y avait trouvé ni les moyens d'une défense sérieuse, ni les ressources nécessaires au ravitaillement d'une force importante. La veille de la journée de Sedan, ses éclaireurs lui avaient notifié la présence immédiate de l'ennemi et la possibilité d'une attaque contre la ville dont il venait de constater le mauvais état. Le lendemain de ces reconnaissances, c'est-à-dire le matin du 1er septembre, on entendit de la place le rugissement de la bataille. A deux heures, le commandant du 13e corps apprit par le colonel Tissier (1) que le maréchal de Mac-Mahon avait été mis hors de combat au début de l'action et que toute l'armée était cernée. Un peu plus tard, le général Michel, accouru à la tête de cavaliers de toutes les armes, confirma la tragique nouvelle. Dès le soir, plus de dix mille fuyards s'étaient réfugiés dans Mézières.

La situation du 13e corps devenait fort mauvaise. Vinoy en avisa par le télégraphe le ministre de la guerre et demanda des instructions. Il lui fut répondu sur-le-champ qu'on le laissait maître de ses mouvements en ce qui concernait le 13e corps et que les fuyards devaient être évacués sur Laon. Le ministre concluait par ce souhait fort imprudent : « Je compte que Mézières saura tenir ».

Ne pouvant songer à combattre et jugeant Mézières intenable, Vinoy s'arrêta au seul parti possible : il résolut de regagner Paris à tout prix.

A 6 heures du soir, toutes les reconnaissances s'étant repliées sur la place, les portes avaient été fermées. Vinoy donna les ordres de la retraite. Le chef de gare fit rétrograder sur Laon les trains en marche sur Mézières, tandis que malades, blessés, formés en convoi, fuyards, réunis en colonne, partaient pour Rocroy et

(1) Le colonel Tissier remplissait les fonctions de sous-chef d'état-major. Il avait sauvé les papiers du maréchal.

Laon d'où la voie ferrée les transporterait à Paris. Quant aux troupes, elles devaient se retirer à pied par la route de Réthel et de Neufchâtel.

La cohue des fuyards et des blessés venus de Sedan consterna Mézières. Les plaintes des blessés et des malades étaient lamentables. L'effroi des hommes valides n'était pas un spectacle moins accablant; ils croyaient sentir l'ennemi sur leurs talons et se bousculaient pour fuir.

Ernest Lavisse a décrit ce troupeau pitoyable, lorsqu'il arriva à Montcornet (1); et l'on conçoit, à l'impression de ce navrant tableau militaire, que la détresse de cette colonne n'était pas faite pour rehausser le courage des forces combattantes qui devaient protéger et faciliter leur retour à Paris.

Cependant le départ de la petite armée de Vinoy s'effectua par une nuit claire, mais avec une dangereuse lenteur, le défilé par une seule porte exigeant un temps énorme.

La division Blanchard alourdie par une artillerie considérable, obligée de s'allonger outre mesure, gênée par le nombre considérable de soldats peu solides qu'elle contenait, commença son mouvement sous la direction du chef du 13e corps dans les conditions les plus critiques.

(1) Ernest Lavisse, *Essais sur l'Allemagne impériale.*

Parties le 2 décembre à une heure et demie du matin, les troupes ne s'arrêtaient qu'à dix heures et demie à Saulce-aux-Bois pour apprendre que les Allemands occu-

Arrivée du général Michel à Mézières.

paient Réthel et s'apprêtaient à nous y barrer la route de Paris. Il fallut changer aussitôt de direction pour échapper à l'ennemi, et Vinoy dut recourir plusieurs fois à ce moyen, ne pouvant compter sur l'issue d'un combat heureux pour se dégager.

Le passage de ces soldats exténués de lassitude, privés de sommeil et de nourriture, ne cherchant qu'à éviter tout engagement avec l'ennemi, prouvait trop bien aux populations des départements qu'elles traversèrent que toute possibilité de résistance était perdue et que l'ennemi allait devenir maître sans résistance de tout le pays jusqu'à Paris.

Que pouvait-on attendre alors d'une grande ville que l'on n'avait eu ni le temps ni la sagesse de protéger contre l'éventualité d'une attaque de vive force et, encore moins, d'un siège régulier ? Tout le monde songeait douloureusement alors que la guerre allait finir, après le coup de foudre de Sedan, sur la reddition de la capitale.

Surmontant les difficultés qui résultaient de l'inexpérience de ses régiments, de leur découragement et du manque de cartouches, Vinoy était parvenu malgré tout à rallier les trois divisions du 13e corps et à les ramener à Paris ; mais, rien n'arrêtant plus la marche des conquérants, les uhlans se montraient partout, occupant les villages, inquiétant les villes, courant audacieusement en avant des colonnes qu'ils éclairaient, interrogeant les maires, les cantonniers, les instituteurs, en un français parfaitement intelligible, et s'orientant sur nos routes, sur nos chemins, avec une aisance, une sûreté, qui indiquaient une parfaite étude de la topographie du pays.

C'était une douleur poignante pour tous ceux qui vécurent ces mortelles heures de voir ces étrangers, habiles en l'art de la guerre, solidement organisés, ne manquant ni de munitions ni de vivres, et de comparer leur forte organisation, leur parfaite discipline, leur abondance, à la misère, à la débâcle, à l'incohérence du petit noyau de soldats que l'habileté du général Vinoy avait su préserver d'un nouveau désastre et d'une honte de plus.

II

La Province apprit qu'au lendemain du Quatre-Septembre, Paris, après avoir renversé l'Impératrice-Régente, déchu la dynastie, proclamé un gouvernement de défense nationale, s'apprêtait à tenir tête à l'envahisseur, bien que les malheurs qui nous frappaient fussent tellement profonds que la résistance semblât inutile.

Après l'entrevue de Ferrières, dans laquelle Jules Favre tenta d'obtenir d'ennemis qui nous tenaient écrasés les conditions de paix compatibles avec l'honneur d'une grande nation trahie par la fortune, les hommes qui avaient assumé la responsabilité du pouvoir prirent l'engagement solennel de ne céder « ni un pouce de notre sol, ni une pierre de nos forteresses ».

La situation ne prêtait malheureusement pas à de pareilles déclarations; et le sentiment de la Province, moins enflammée que la population de Paris, était celui d'une infériorité qui rendait chimérique et folle la prolongation d'une guerre dont les chances de succès étaient nulles.

Plus tard, les événements prouvèrent que la sagesse et la froide raison ne sont rien devant la ferveur du patriotisme, la force aveugle de l'espoir, les fautes ou les hésitations de l'ennemi.

Tous les hommes experts dans l'art militaire avaient prophétisé l'entrée des Allemands à Paris. Ils se trompèrent sur ce premier point.

Les Prussiens n'osèrent pas tenter une attaque qui aurait probablement réussi, mais qui pouvait provoquer les plus effroyables malheurs.

Dans la campagne de 1870-71, l'état-major allemand ne s'est jamais inspiré de l'esprit de générosité et de clémence qui hante parfois les conquérants, inquiets du jugement de l'Avenir et de l'Histoire. Si les Prussiens, en arrivant sous les murs de Paris, préférèrent l'investissement à l'attaque de vive force, il nous faut bien expliquer la tactique lente de M. de Moltke par son habituelle prudence et non par un mouvement de pitié en faveur d'une ville qui contenait les plus rares merveilles de l'Art et les plus précieuses reliques de l'Histoire.

La lenteur allemande rendit à la patrie française le moyen de se reconnaître, de se relever, de ramasser les armes tombées des mains défaillantes des vaincus.

La rigueur des conditions de M. de Bismarck, la cruauté des troupes victorieuses qui fusillaient les francs-tireurs et les gardes-nationaux coupables de s'être défendus, avaient donné à la guerre un caractère plus aigu et plus haineux. Maintenant, deux armées ne combattaient plus pour la victoire ; deux peuples entiers allaient s'étreindre...

Les prétentions de M. de Bismarck, la rapacité de de Moltke avaient condamné les Français à pousser la résistance jusqu'à l'héroïsme et les Allemands à entreprendre une campagne d'hiver effroyablement pénible.

A ce moment, le génie de la nation prussienne et de sa politique éclata aux yeux du monde entier. L'Allemagne enveloppée de la fumée des canons n'était plus cette Allemagne divisée, polie, compassée, savante, éprise à la fois des sciences et des arts, changeant ses petites cours en généreux foyers de philosophie, de musique, de poésie. Les souverains des principautés secondaires étaient devenus les colonels de M. de Moltke. Les petits États de la Confédération étaient embrigadés, matriculés.

L'œuvre des deux hommes de Sadowa avait porté ses fruits : une Prusse monstrueusement forte, colossalement organisée, s'imposait en conquérante, en arbitre de l'Europe, prétendait y faire la loi et répondait par l'écrasement aux téméraires qui prétendaient se mettre entre elle et les desseins du grand homme d'État qui la menait.

Si dure, si impérieuse que fût la leçon, elle ne fut ni

entendue, ni comprise de l'Europe. Depuis, des armements inouïs, de ruineuses dépenses, ont épuisé les peuples et la conquête prussienne a été basée sur un tel monument d'iniquités, de spoliations, d'attentats au droit des peuples, de violations de l'instinct populaire, de froissement d'intérêts, qu'elle est demeurée éphémère et fragile, et que le développement de l'art militaire a mis seul obstacle à de nouvelles conflagrations, par la crainte des conséquences de massacres épouvantables et de prodigieuses catastrophes économiques.

La diplomatie européenne ne voulut ou n'osa pas intervenir à cette minute suprême où l'exigence impitoyable des conquérants forçait une nation vaincue à combattre jusqu'à l'épuisement complet de son sang et de ses ressources, et ce fut en vain que M. Thiers partit nous chercher des amitiés, des appuis, auprès de toutes les cours d'Europe.

Du 15 septembre au 21 octobre, écrit M. Édouard Simon (1), le vieil homme d'État visita successivement Londres, Vienne, Saint-Pétersbourg et Florence. Nulle part il ne fut heureux dans ses démarches : on l'accueillit avec les égards dus à sa célébrité, mais sans vouloir entrer dans ses vues. M. Gladstone repoussa toute idée d'une intervention ou d'une médiation anglaise, à plus forte raison d'une alliance. Le comte de Beust déclara que l'Au-

(1) Édouard Simon, *l'Empereur Guillaume et son règne*.

triche se bornerait à suivre la Russie, si cette puissance se montrait favorable.

M. Thiers courut alors à la cour du czar où il comptait sur les plus hautes amitiés; mais la Russie s'était engagée déjà avec le roi Guillaume qui avait promis le concours ultérieur de la Prusse pour la revision du traité de Paris. Quant à l'Italie, malgré les protestations amicales de Victor-Emmanuel, elle n'avait qu'un but, une pensée, un espoir : couronner l'œuvre de Cavour et occuper Rome.

Malgré le désarroi de son improvisation, le gouvernement de la Défense nationale, après avoir tenté sans succès d'obtenir une paix acceptable, se hâta d'attirer à Paris tous les éléments disponibles pour la formation d'une armée. Il n'y avait plus à prendre soin de la qualité de ces éléments. On ne rechercha donc que le nombre. On forma en toute hâte des bataillons de garde nationale auxquels il fallut donner provisoirement des fusils de vieux modèle, et, de tous côtés, la garde mobile fut appelée des départements. La marine fournit ce qu'elle avait de disponible en cadres, en hommes, en matériel d'artillerie. La formation d'une armée de secours sur la Loire fut également décidée.

Ces mesures assuraient l'avenir : elles n'apportaient aucun élément de succès pour le présent. On le savait; et la conscience de cette faiblesse paralysait, décourageait les départements ainsi que l'autorité militaire.

Mais le gouvernement était poussé par la lourde responsabilité qu'il avait assumée, devant laquelle il ne lui était plus permis de reculer; et son origine populaire lui imposait l'action, l'énergie, l'audace.

Le 12 septembre, les hommes de la Défense nationale chargèrent M. Crémieux de les représenter en province. Deux jours plus tard, M. Glais Bizoin et l'amiral Fourichon lui furent adjoints.

Le 19 septembre, Paris était totalement investi par une armée placée sous le commandement du roi de Prusse et du maréchal de Moltke.

A cette date, 122,000 hommes d'infanterie, avec 24,000 chevaux et 622 canons, s'étendaient sur une ligne de vingt lieues autour d'une ville de huit lieues de tour, et protégée par un ensemble de forts établis sur une périphérie de 56 kilomètres.

Les chiffres prennent ici une importance capitale. Répartie sur cette étendue énorme pour son effectif, une armée allemande de 166,000 combattants barrait toutes communications avec la France à une force de 400,000 hommes. Jugé sur ces chiffres seuls, le siège de Paris apparaissait comme l'entreprise la plus osée et la plus téméraire qu'un capitaine ait jamais tentée, et, cependant, les écrivains militaires sont plus portés à critiquer la prudence du grand état-major devant les murs de Paris qu'à lui reprocher d'avoir commencé les opérations du siège dans des conditions aussi numériquement défavorables.

Bien que l'état-major allemand sût parfaitement à quoi s'en tenir sur la valeur réelle de la garnison de Paris, M. de Bismarck comptait moins sur notre faiblesse que sur l'attitude de la population, sur des troubles intérieurs et des discordes civiles qui rendraient intenable la situation du gouvernement (1).

Tour à tour capable des mensonges les plus cyniques et de la franchise la plus brutale, selon que l'intérêt de sa patrie lui conseillait l'un ou l'autre, le grand chancelier prussien parlait sincèrement. Il voulait éviter au roi Guillaume l'odieux de la barbarie et de la cruauté, et ne tenait pas plus à affamer Paris qu'à s'en emparer de vive force. Il comptait bien plus sur une observation militaire énergique, un blocus aux larges mailles, pour énerver les assiégés, attiser les passions contenues. Il ne le dissimula point à M. Jules Favre, dans une de leurs entrevues de Versailles.

(1) A cette poignante entrevue de Ferrières, M. de Bismark résuma ainsi ses pensées à ce sujet :

« Vous exprimez de nobles idées, et si vous étiez le maître, je serais de votre avis, et je traiterais de suite avec vous; mais vous êtes en opposition avec les sentiments véritables de votre pays, qui garde son humeur batailleuse; et pour ne parler que du présent, vous êtes nés d'une sédition, et vous pouvez demain être jetés à terre par la populace de Paris. (Jules Favre, *Gouvernement de la Défense nationale.*)

« Je m'attends pour ma part, avait-il dit à son souverain, à voir un dénoûment qui dépassera en fureur et en désastres tout ce que les historiens nous ont raconté de la prise de Jérusalem. Plusieurs centaines de mille d'habitants peuvent périr dans les horreurs de la faim ou dans un vaste incendie. Votre Majesté portera la responsabilité de cette catastrophe. D'ailleurs les Parisiens se défendront avec d'autant plus d'obstination qu'ils seront séparés des départements dont ils ne connaîtront pas les souffrances. Il en sera de même des départements privés des nouvelles de Paris.

« Pour moi, poursuivait le comte, s'adressant alors à Jules Favre, je voudrais qu'on s'avançât sur Paris et qu'on le bombardât, mais sans le cerner, au moyen d'un camp retranché établi dans le poste jugé le plus favorable, par exemple, à l'embouchure de la Marne. Ce camp bien disposé aurait défié toutes vos attaques ; en restant en libre communication avec la province, vous auriez vu que la résistance y était impossible ; la vôtre eût été affaiblie d'autant et la guerre aurait été terminée deux mois plus tôt (1) ».

Les prévisions du ministre prussien ne se réalisèrent heureusement pas.

La population ne réclamait que des armes. Le gé-

(1) Jules Favre, *Gouvernement de la Défense nationale.*

néral Trochu, gouverneur de Paris, chargea le général Ducrot de former le 14e corps, composé de troupes de ligne. La défense extérieure et intérieure de Paris s'organisa. Pour ceux qui en furent les témoins, ce spectacle fut inoubliable.

Les travaux militaires ne furent pas conduits en tous les points avec l'à-propos ou la diligence nécessaire; mais les remparts de la ville se couvrirent de travailleurs civils et militaires et leur aspect fut rapidement transformé. L'enceinte était bouleversée. On voyait partout s'édifier les poudrières, se creuser les casemates, s'ouvrir les embrasures. Les talus s'élevaient, les sacs de terre, les gabions, les fascines s'accumulaient.

Par compagnies, par bataillons, la garde nationale circulait sur la rue du rempart, clairons sonnant, tambours battant, au milieu des convois de travailleurs armés de pelles, de pioches, et de files interminables d'équipages militaires et de tombereaux.

Si les militaires jugeaient la partie perdue, le spectacle de ces efforts enflammait le peuple de Paris qui croyait sa ville rendue imprenable par tant de travaux et de mouvement; et, pour la masse simpliste des soldats-citoyens qui ne formait son opinion que sur les événements, l'inaction des Prussiens équivalait à une reculade. Du moment qu'ils n'attaquaient pas, la Province aurait le temps de se lever, de délivrer sa capitale.

L'investissement, qui donna du cœur aux assiégés, laissa le temps au gouvernement de former de nouvelles armées et de reprendre une campagne inaugurée par des désatres foudroyants.

III

Quand le général Vinoy gagna la route de Paris, les troupes allemandes qui le poursuivaient n'eurent plus qu'à marcher à travers un pays conquis.

Il avait trouvé et laissé Laon dans un état qui ne permettait pas à cette ville de fermer ses portes à l'ennemi, malgré tout l'intérêt stratégique, dans le présent comme dans l'avenir, de défendre une place qui commandait les voies ferrées de Reims et de Soissons.

Le mauvais état de la place était d'autant plus déplorable que la nature a contribué puissamment à faciliter l'œuvre du génie militaire.

« Laon, écrit le général Vinoy (1), est une position défensive admirable. La ville s'élève sur un mamelon absolument isolé et qui domine d'environ quatre-vingt-six mètres, et par des pentes fort roides, la plaine environ-

(1) Siège de Paris. (*Opération du 13e corps et de la IIIe armée.*)

nante. Au sud, les approches en sont encore défendues par des marais, et de tous les côtés la position est des plus fortes. Une enceinte de vieilles murailles fait le tour

La citadelle de Laon, après l'explosion.

de la crète dont elle suit les sinuosités, et s'appuie d'un côté sur la citadelle, qui est petite mais bien située, et de l'autre sur un grand ouvrage de campagne, encore inachevé, qui garnit l'extrémité de l'éperon sud-ouest ».

Malheureusement, rien n'avait été fait pour mettre à profit ces moyens naturels, bien que le colonel du génie Dupouet eût tracé des projets de travaux et de fortifications. Mais, en admettant que les ouvrages nécessaires eussent été construits, que les remparts fussent solides,

Laon n'aurait pu encore opposer aucune résistance sérieuse et durable. Tout y manquait. Les magasins ne contenaient ni vivres ni munitions; la garnison que Vinoy aurait pu y laisser eût été exposée à coup sûr à une prompte capitulation.

Laon demeura donc réduit à ses propres ressources. Le préfet de l'Aisne, M. Ferrand, homme énergique, avait affirmé, dans une proclamation aux habitants, que leur ville était en mesure de rendre les services que sa situation comportait et que « l'honneur d'une place dans les circonstances présentes l'obligeait à se montrer prête à tous les devoirs ». Mais M. Ferrand oubliait que l'on manquait de tout, même d'étoupilles pour les canons; que la citadelle ne couvrait que l'est de Laon et qu'à l'ouest il n'y avait d'autres défenses qu'un moulin à vent et le monastère de Saint-Vincent. Le bouillant préfet oubliait surtout que la garnison se composait de 800 mobiles et que, dans la compagnie d'artilleurs de la garde mobile, on n'avait pu trouver qu'un homme qui connût l'exercice à feu (1).

Dans de pareilles conditions, la ville était sans défense. Elle le comprit et, le 9 septembre, elle ouvrit ses portes aux troupes du duc de Mecklembourg.

Le général Thérémin, commandant la place, venait de

(1) Ernest Lavisse, *Essais sur l'Allemagne impériale.*

remettre la citadelle au duc et les mobiles défilaient devant lui, quand une explosion formidable retentit. Un vieux garde d'artillerie nommé Henriot venait de faire sauter la citadelle, dans un accès de désespoir et de fureur patriotiques. Près de 500 personnes furent tuées ou blessées. Atteint lui-même et blessé au pied, le duc de Mecklembourg, au comble de la rage, parlait de tirer de Laon une vengeance dont on parlerait encore dans mille ans. Le comte d'Alvensleben ne put apaiser que très difficilement la colère de son chef. Sans cette heureuse intervention, la population eût probablement été massacrée et la ville détruite.

Partout, la situation était la même. Ni l'administration militaire, ni l'administration civile n'avaient envisagé la possibilité d'une invasion allemande.

Aucune barrière intérieure, aucune place ne pouvaient arrêter la marche de l'ennemi ni l'inquiéter sur ses derrières. La détresse de nos places fortes enlevait ainsi à l'organisation de la défense en province sa base d'opération la plus sûre et son plus solide point d'appui.

PREMIÈRE PARTIE

VILLERS-BRETONNEUX

I

LA SITUATION EN PROVINCE

La délégation de Tours. — Démission de l'amiral Fourichon. — Arrivée de Léon Gambetta. — Ressources militaires. — Comment on a fabriqué les cartes d'état-major. — Organisation des bureaux et des principaux services administratifs.

Dans son livre, *La Guerre en province pendant le siège de Paris*, M. Charles de Freycinet a exposé la situation du pays au moment de l'investissement de sa capitale.

« Une délégation du gouvernement, dit-il, formée de MM. Crémieux, Glais-Bizoin et Fourichon, vint s'installer à Tours le 16 septembre, pour continuer l'impulsion aux différents services et organiser, s'il se pouvait, une armée de secours derrière la Loire ».

En dehors de sa besogne administrative qui était véritablement écrasante, la délégation se heurta, dès son entrée en fonctions, à des difficultés insurmontables à première vue pour créer cette armée dite de la Loire sur laquelle on comptait pour délivrer Paris. Il n'y avait plus en province un seul régiment au complet. L'artillerie ne comptait que six pièces prêtes à entrer en ligne, les autres étant dépourvues « de leurs attelages, de leur personnel et beaucoup même de leurs affûts ».

Malgré tant de difficultés, on tira d'Afrique, en premier lieu, toutes les troupes que l'on put en rappeler. Des rassemblements d'hommes se formèrent près d'Orléans sous le commandement du vieux général de Lamotterouge; dans les Vosges, sous les ordres du général Cambriels; et, dans l'Ouest, sous la direction du général Fiereck, chargé d'instruire la garde mobile de la région. Mais tous ces efforts furent si lents, si stériles, si rudement entravés par la désorganisation des services, le manque d'officiers, la privation de matériel, que l'amiral Fourichon, désespérant d'obtenir le moindre résultat, donna sa démission et se retira.

Ce fut à ce moment que le gouvernement de Paris délégua Léon Gambetta à Tours, avec des pouvoirs extraordinaires.

Gambetta débarqua de ballon à Montdidier (Somme), après une traversée dangereuse. Il rejoignit Glais-Bizoin et Crémieux, et lança une proclamation appelant toute la France à la défense du sol et à la délivrance de Paris.

Dès son arrivée à Tours, le nouveau représentant du gouvernement assura la direction des deux ministères de l'Intérieur et de la Guerre et s'adjoignit M. de Freycinet dans ce second département. Les débuts de la campagne semblaient déjà peu favorables aux délégués de Paris.

Le rassemblement de troupes qui portait le nom d'armée de la Loire se retirait en Sologne après une affaire malheureuse à Artenay, et Cambriels avait abandonné les Vosges, se réfugiant à Besançon.

Pour entrer en campagne, Gambetta ne trouvait à mettre en ligne que 40,000 hommes de troupes régulières, 5 à 6,000 chevaux, une centaine de bouches à feu. La région de l'Ouest n'offrait que des groupements de mobiles sans cohésion ; dans le Nord, il ne fallait appuyer la défense que sur le concours des garnisons de quelques places fortes isolées.

Tel était, décrit en ses grandes lignes, l'état de la Province, mécontente, méfiante, diminuée. Pour un soldat expérimenté n'obéissant qu'à des considérations militaires, la prolongation de la lutte n'eût pas été admissible un seul instant. Mais, dans la guerre, la science militaire n'est pas le seul élément de la victoire. Il faut compter avec tout : avec la fortune, la nature, la réussite d'un coup hardi heureusement porté. Il entre une forte proportion de jeu, d'*alea*, de chance, dans le résultat de ces sombres et sanglantes parties qui mettent aux prises deux grands peuples. Gambetta eût peut-être reculé devant sa tâche écrasante, s'il en avait strictement apprécié les difficultés et les obstacles. Il préféra se fier à sa fortune, au patriotisme de la nation, et faire ce que l'honneur, sinon la raison, commandait impérieusement.

Sous l'avalanche de l'invasion victorieuse, il avait été impossible de songer à organiser un plan de campagne. Cette préoccupation n'eût-elle pas été superflue, puisque l'on n'avait pas d'armées? Et eût-on possédé des armées, qu'aurait-on pu exiger d'elles, alors qu'on n'avait ni chefs pour les conduire, ni habillements pour les vêtir, ni fusils, ni canons pour les armer! En vérité, lorsque l'Histoire dresse ce tableau navrant, le témoin impartial de cet indescriptible dénûment ne peut blâmer les hommes de sang-froid qui se montrèrent hostiles à la guerre, car toutes les apparences motivaient leur opinion.

Cependant, sous l'impulsion ardente de Gambetta, il ne fut permis à personne de douter, de reculer, d'hésiter ou de discuter. Le mot « Impossible » n'est pas français avait été déjà dit, mais l'ardent patriote se chargea de démontrer qu'il était juste.

On leva les contingents en masse. On les encadra en toute hâte et comme on put. La critique fut facile aux détracteurs des actes de la délégation de Tours sur ce terrain délicat. Oui, les choix des chefs furent souvent défectueux, injustifiés, regrettables même; mais ces fautes étaient inévitables. On n'avait ni le temps ni les moyens de réfléchir; et la nécessité la plus pressante pour le Gouvernement était d'avoir sans délai des régiments prêts à marcher.

On ne peut concevoir entreprise plus périlleuse que celle qui fut assumée par Gambetta. Les ministres n'avaient même pas les bureaux indispensables aux services de la transmission des ordres et au contrôle de leur bonne exécution. A ce moment, on improvisa des commis comme on improvisait des escadrons, des bataillons, des batteries. A chaque pas, se découvraient de nouveaux obstacles qui paraissaient insurmontables. Les officiers réclamaient-ils des cartes? On s'apercevait que les cuivres de l'état-major étaient demeurés à Paris. Des contingents étaient-ils rassemblés sur un point? On reconnaissait qu'il était impossible de leur fournir des fusils de nouveau modèle et que, si ces fusils avaient été dans les magasins, on n'eût pu fournir les cartouches et encore moins les fabriquer. Les matières de fabrication, les machines et les ouvriers manquaient. La direction de l'artillerie ne savait comment se procurer des capsules de chassepots, leur manipulation ayant été tenue secrète. C'était là, incontestablement, des difficultés techniques et matérielles, mais c'est précisément ces difficultés là que l'on ne tourne pas, qu'il faut résoudre à tout prix, sous peine d'entraver les décisions les plus énergiques et de paralyser les efforts les plus vigoureux.

La volonté de Gambetta emporta tout. Un officier d'infanterie de marine, M. Jusselain, obtint, après bien des démarches repoussées d'abord, et malgré les préventions des bureaux, l'autorisation d'essayer la reproduction des cartes d'état-major par l'autographie et la photographie. Avec le concours de l'industrie privée, M. Jusselain fournit à l'administration, pendant la durée de la guerre, 15,000 cartes parfaitement tirées.

M. le colonel Thoumas, qui devait se révéler plus tard comme un excellent écrivain militaire, accomplit à la direction de l'artillerie des prodiges d'activité. Nos agents allèrent chercher des harnais pour les attelages jusqu'en Amérique. Nos grandes usines assurèrent patriotiquement leur concours. Les établissements Vorus à Nantes, Petin et Gaudet à Saint-Étienne, Schneider, au Creuzot, se transformèrent en ateliers nationaux. M. le colonel de Reffye, à Nantes, construisit des canons et des mitrailleuses d'une qualité remarquable. Pour suppléer à l'insuffisance de l'arme du génie, M. de Freycinet organisa un corps du *génie civil des armées*. De hauts fonctionnaires des Compagnies de chemins de fer furent appelés à des postes importants dans l'intendance; M. le docteur Robin, membre de l'Institut, fut chargé de la direction du service de santé. Le savant docteur eut énormément à travailler. Là, tout était à créer comme dans les autres branches de l'administration ou de l'armée; et les Allemands contribuèrent encore de tout leur pouvoir à compliquer le service des ambulances pendant toute la durée de la campagne.

Par la convention internationale de Genève, les peuples avaient reconnu que la Guerre devait le respect à la maladie, au sang versé. Le drapeau blanc barré d'une croix rouge avait été choisi comme symbole de l'inviolabilité des asiles de la souffrance et des hommes chargés d'y prodiguer les secours aux victimes des combats. Nos ennemis, à de nombreuses reprises, manquèrent à cette loi de pitié, d'humanité. Ils capturèrent des médecins et des infirmiers. Leurs balles frappèrent en pleine ambulance des malheureux étendus sur un lit de douleur. Leurs obus, habilement pointés, tombèrent sur des toits qui n'abritaient que des malades. Il n'y eut pas seulement de la barbarie dans ces actes de sauvagerie, il y entra du calcul. Le vainqueur faisait main basse sur notre personnel de santé, sachant combien de telles pertes étaient difficiles à réparer dans notre détresse, combien les vides seraient longs à combler.

En dépit de tout, l'administration de la guerre réussit, en quatre mois d'exercice, à mettre en ligne six cent mille hommes.

Pour excuser les imperfections et les défaillances de cette organisation hâtive, pour se rendre compte des immenses efforts qu'elle coûta, il était indispensable de présenter fidèlement la situation de la province au moment où Léon Gambetta y arriva.

II

FORMATION DE L'ARMÉE DU NORD

Mission du général Farre et de M. le Dr Testelin. — État de la région du Nord. — Nomination du général Bourbaki. — Mauvais effet de cette nomination. — Tentatives d'organisation.

L'œuvre de la défense avait été confiée dans le Nord au général Farre et à M. le Dr Testelin. Ce retour aux procédés de la Révolution française a été l'objet des critiques les plus acerbes, et cette coopération des éléments civil et militaire ne fut pas, en effet, toujours des plus heureuses.

Les civils manifestèrent souvent un zèle encombrant; leur ardeur patriotique les jeta dans des entreprises auxquelles leurs aptitudes premières ne les avaient pas destinés. Cependant leur présence eût pu donner d'excellents résultats et stimuler l'énergie des officiers qui se lançaient sans enthousiasme dans des aventures qu'ils jugeaient périlleuses autant pour nos armées que pour leur renommée personnelle.

Les cruels revers infligés à nos meilleures troupes et aux plus célèbres généraux de l'Empire faisaient considérer la guerre actuelle comme un art nouveau pour lequel il fallait des soldats instruits, et, pour mieux dire, initiés. Si nos vieux régiments n'avaient pu tenir, qu'attendre de ces jeunes gens arrachés à la charrue, à l'atelier, au comptoir, au bureau, que l'on allait offrir en holocauste à des capitaines habitués à vaincre en demeurant invisibles ? La tactique de M. de Moltke avait répandu la stupeur dans nos états-majors. Pour beaucoup d'esprits solides, nous devions être vaincus avant même d'avoir combattu.

De ce côté, les délégués civils du ministère de la guerre pouvaient évidemment remplir un rôle très efficace. Ils devaient s'assurer de l'activité dans l'organisation, empêcher les défaillances, lutter surtout contre l'inertie. Leur rôle eût dû être celui de zélateurs patriotiques et infatigables. Or il est avéré que le pouvoir civil n'eut pas toujours cette modération et ce tact. Par là, s'introduisit dans le système et la direction de la défense une dualité qui fut nuisible à nos efforts. Certains généraux, désireux de plaire aux hommes au pouvoir, se montrèrent trop dociles. D'autres, jaloux de l'intégrité de leur commandement, affectèrent une intransigeance trop absolue. L'action fut rarement parallèle, harmonieuse et féconde. Le délégué civil était mécontent du chef militaire. Celui-ci ne pouvait supporter une surveillance dont l'impartialité et la compétence laissaient fort à désirer. Gambetta, qui mettait partout sa dévorante impulsion, ne pouvait pas contrôler les mesures prises et manquait de renseignements sérieux. L'administration centrale avait également une tendance instinctive à écouter les doléances de ses commissaires, de préférence aux protestations des chefs de corps ou des commandants en chef.

Les débuts de l'Armée du Nord furent précaires et son éclosion pénible, car les plus gros efforts s'étaient portés sur la Loire. Elle se forma donc avec lenteur. Néanmoins, au cœur de cette riche région du Nord, il existait des éléments à coordonner, à mettre en usage. M. Testelin avait reçu le titre de Commissaire délégué du Gouvernement pour les quatre départements de l'Aisne, du Nord, du Pas-de-Calais et de la Somme; le colonel Farre, de l'arme du génie, fut nommé général de brigade, avec mission d'aider M. Testelin dans son œuvre. Ces Messieurs trouvèrent des places fortes désorganisées, sept ou huit dépôts dans lesquels l'administration avait déjà largement puisé, une batterie en garnison à Lille, hors d'état de rouler d'ailleurs, et le dépôt du 7e dragons d'où l'on ne put tirer que des cavaliers d'escorte. Les rares officiers qui se trouvaient dans ces dépôts étaient de jeunes sous-lieutenants arrivés de Saint-Cyr et pourvus de leur grade avant même de l'avoir régulièrement obtenu.

Le 22 octobre, le général Bourbaki fut appelé au commandement de la région. La nouvelle de la capitulation de Metz venait de provoquer de nouvelles tristesses, de nouvelles colères dans le pays; la proclamation de Gambetta, stigmatisant la trahison de Bazaine, ajouta encore à cette effroyable agitation.

La chute de Metz, où Bourbaki avait commandé la garde impériale, fit rejaillir sur cet officier une impopularité qu'il ne méritait pas. Le choix de Bourbaki, justifié par de superbes états de service, était dangereux à ce moment. La mission, entourée de mystère, qu'il avait été chargé de remplir à Londres auprès de l'Impératrice, l'avait rendu plus que suspect.

Quand le général passa à Douai, sa voiture fut menacée. Des cris de haine et d'outrage furent proférés contre lui. La classe ouvrière, facile à passionner et à soulever, était travaillée par les clubs dont les orateurs ne cessaient d'accuser nos chefs de trahison ou d'incapacité et de répéter que nous étions vendus. Des bandes de soldats des anciennes armées impériales erraient à travers les villes, prêchant la méfiance et l'indiscipline, faisant valoir, dans la révolte et la brutalité de leur langage, qu'ils avaient risqué leur vie et versé leur sang inutilement.

Passage de Bourbaki à Douai.

C'est au milieu de ces dispositions morales de la population et de la troupe, que Bourbaki reprit l'œuvre à peine ébauchée par le Dr Testelin et le général Farre.

Le premier soin du général fut de s'adjoindre M. Farre et de se l'attacher avec l'emploi de chef d'état-major général. Ce choix avait pour effet immédiat de ne pas interrompre les travaux commencés et de permettre de les suivre avec esprit de suite et méthode.

Les effectifs tirés des dépôts furent constitués en régiments de marche. Quant à la garde mobile, son organisation première présentait les plus graves inconvénients. Elle avait été groupée en bataillons d'un effectif énorme, variant de mille deux cents à mille cinq cents hommes. Dirigées par des officiers dont quelques-uns ignoraient les premières notions de leur métier, de telles forces étaient trop lourdes à manier et ne pouvaient être fatalement que très mauvaises manœuvrières. Bourbaki prescrivit de réduire les bataillons à cinq compagnies de cent cinquante hommes chacune, commandées par trois officiers. Ces dispositions étaient encore insuffisantes et rudimentaires, mais l'état des choses et la nécessité d'aller vite ne permettaient pas de faire davantage.

On s'occupa également de l'artillerie. Plusieurs batteries furent organisées, dont une 12, que l'on avait amenée de Mézières, et dont il fallut se hâter de compléter l'outillage très défectueux. L'état-major général eut en outre la chance de pouvoir enlever de La Fère, avant l'investissement de cette place, un matériel bien précieux qui fut immédiatement expédié à Douai.

Pour la cavalerie, la besogne fut des plus sommaires. On se contenta du dépôt du 7e dragons, demeuré à Lille, troupe qui porta désormais le nom de Dragons du Nord, et l'on tira également deux escadrons de la légion départementale de gendarmerie montée.

On voit, par le peu de ressources d'artillerie et, surtout, de cavalerie que l'on possédait, combien d'obstacles entravaient l'entrée en ligne du 22e Corps.

Malgré les progrès réalisés, Bourbaki, demeuré trop impopulaire, fut appelé le 19 novembre à un commandement sur la Loire et remplacé provisoirement par M. Farre, son chef d'état-major général.

Le départ du général en chef eut pour effet immédiat la dislocation de l'état-major. Au moment de la capitulation de Metz, beaucoup d'officiers qui s'étaient évadés s'empressèrent de mettre leur épée à la disposition du nouveau gouvernement, et le plus grand nombre gagna l'armée de la Loire qui s'était déjà mesurée avec l'ennemi. Bourbaki avait réussi néanmoins à retenir deux cent cinquante officiers qui ne s'étaient liés à sa fortune que par estime, dévouement et affection pour lui. En partant pour la Loire, il emmena le lieutenant-colonel Loysel avec tout son état-major et le général Farre remplaça M. Loysel par le lieutenant-colonel du génie de Villenoisy, un autre évadé de Metz, qui rendit pendant la campagne les services les plus signalés.

Le 24 novembre, la deuxième division de l'Armée du Nord avait une première brigade formée sous les ordres du colonel du Bessol, tandis que la première division, en état d'être mise en ligne, avait pour brigadiers le général Lecointe et le colonel Derroja.

III

OPÉRATIONS DÉFENSIVES

DE LA PREMIÈRE ARMÉE ALLEMANDE

La Première Armée après la capitulation de Metz. — Ordre d'Armée de Manteuffel. — Sa marche sur l'Oise. — Instructions du maréchal de Moltke. — But de la Première Armée. — Reconnaissances dans la direction d'Amiens. — Affaires de Demuin. — Capitulation de Thionville.

Le grand quartier général allemand s'était très sérieusement préoccupé des préparatifs de résistance de notre nouveau gouvernement. La capitulation de Metz fournit à M. de Moltke, à l'heure voulue, les moyens d'attaquer énergiquement nos formations récentes et d'assurer la sécurité de son armée de Paris contre les entreprises de l'Armée de la Loire, de l'Armée du Nord et de l'Armée de Rouen.

Après la capitulation de Metz, la Première Armée sous

les ordres de Manteuffel, chargée d'abord de couvrir les troupes d'investissement contre les rassemblements militaires de Picardie et de Normandie, s'était tenue à cette mission purement défensive.

Le colonel d'état-major, comte Hermann Wartensleben, s'est fait l'historien de l'expédition, et son récit nous renseigne sur les sentiments de l'armée allemande au moment de la reddition de Metz, point de départ de cette nouvelle campagne.

Le vainqueur de Metz, le prince Frédéric-Charles, avait exprimé dans sa proclamation aux troupes une joie sauvage et féroce. Le comte Wartensleben ne peut se défendre de sentiments plus généreux en présence de l'immense infortune d'une armée qui aurait mérité un meilleur chef et un meilleur sort.

« Le 29 octobre à midi, écrit-il, conformément à la convention de Frescati, l'armée ennemie sortit de ses camps autour de Metz...

« Les troupes françaises se présentèrent désarmées; elles avaient préalablement déposé leurs armes et leurs drapeaux. Le défilé eut lieu par corps dans six directions et sur six points différents. Les corps d'investissement se tenaient prêts à recevoir les prisonniers, qui furent conduits dans six grands campements préparés d'avance.

« ... C'était une sombre journée d'octobre, froide et

humide. Depuis midi, la pluie tombait avec violence, à de fréquents intervalles; amis et ennemis étaient sérieux. Le sentiment qui gonflait les cœurs des vainqueurs en présence de cet immense résultat obtenu après de longs jours de pénible attente ne pouvait cependant y étouffer l'émotion sympathique qu'inspirait la vue de ces courageux adversaires, aujourd'hui vaincus...

Le prince Frédéric-Charles assiste à la reddition des prisonniers près de Tourne-Bride.

« Le prince Frédéric-Charles, avec les états-majors des deux armées, assistait à la reddition des prisonniers près de Tourne-Bride. Le général commandant le Ie Corps recevait les situations des troupes ennemies, dont le défilé continua jusqu'à la nuit. Il se fit avec dignité et dans le plus grand silence ; par égard pour nos adversaires, aucune musique ne jouait. Les officiers français devaient momentanément rentrer à Metz; ils y retournèrent, tandis que les soldats étaient conduits dans les camps destinés aux prisonniers. Il y eut entre les chefs et les soldats d'émouvantes scènes d'adieux, dont le souvenir restera gravé dans la mémoire de ceux qui en furent témoins ».

Il faut ajouter à ces notes si troublantes dans leur simplicité, ce témoignage effrayant de M. de Wartensleben : « On reconnut bientôt que la ville était pourvue de provisions suffisantes : *les troupes françaises seules en avaient manqué!* »

La Première Armée avait été chargée de la conduite et de la surveillance des prisonniers. Cette énorme opération retarda beaucoup Manteuffel. Il ne put annoncer que le 4 novembre, au grand quartier général de Versailles, qu'il ne serait pas en état de se mettre en marche avant le 7 du même mois.

L'ordre d'armée rédigé par Manteuffel, le 5 novembre, indique la situation et ses nécessités. Le général en chef regrette de n'avoir pu accorder quelques jours de repos à ses troupes; mais la volonté du roi est formelle : on ne s'arrêtera pas une minute car les progrès de l'ennemi l'exigent. La marche de la Première Armée s'exécutera sur un front aussi étendu que possible afin d'assurer aux troupes de bons cantonnements. Dans toutes les localités, les armes des habitants seront confisquées, les maisons soigneusement visitées et fouillées.

Les précautions à prendre contre les embuscades et les coups de main sont également énumérées. Il est prescrit aux officiers de ne pas s'isoler de leurs troupes; les compagnies ou escadrons détachés ne doivent pas se croire en sûreté parce qu'ils sont cantonnés ou en marche sur des routes d'étape. En cas d'attaque des populations ou des corps francs, les représailles les plus sévères seront immédiatement appliquées. Les maires et les communes seront rendus responsables de ces actes d'hostilité.

Ces dispositions et ces prescriptions du général Manteuffel attestent donc bien qu'il s'agissait d'une nouvelle campagne et que l'ennemi prenait très au sérieux les nouveaux périls qu'il allait affronter.

Le 15 novembre, le général Manteuffel était à Reims. Il y recevait une instruction du grand quartier général de Versailles (en date du 9 novembre) réglant l'emploi de nos lignes ferrées mises au service de la Première Armée.

A cette époque, cette Première Armée formait plusieurs groupes. La XIIIe division campait à Metz. La XIVe était devant Thionville. Un fort détachement, sous les ordres du colonel Pannewitz, était réuni devant Montmédy et faisait surveiller Longwy par un bataillon et deux escadrons établis à Longuyon.

L'armée d'opération proprement dite, réunie sous les ordres directs de son général en chef, occupait Reims avec le VIIIe corps; la IIIe division de cavalerie s'étendait de Reims à Réthel; la IIIe brigade et l'artillerie du Ier corps étaient cantonnées dans Réthel même, tandis que la Ire division était détachée devant Mézières, et la IVe brigade devant La Fère.

Les Allemands supposant que Bourbaki était à Lille avec la pensée de dégager Mézières, et que, de Rouen, le général Briand cherchait à inquiéter l'armée de Paris, la Première Armée alla se déployer sur l'Oise.

La Ire division, relevée devant Mézières par le général Senden, avait été ramenée par la voie ferrée de Boulzicourt à Laon par Reims. Ce précieux appoint arriva justement au moment décisif où les instructions venues du grand quartier général allaient faire prendre à Manteuffel une attitude nouvelle.

Son rôle purement défensif sur la ligne de l'Oise étant terminé, un ordre de M. de Moltke, daté du 18 novembre, lui commandait de s'assurer d'Amiens par une forte occupation et de s'efforcer d'occuper Rouen. Le maréchal laissait du reste toute latitude au commandant de la Première Armée et se fiait à sa clairvoyance.

Infanterie de marine en reconnaissance à Demuin. (Page 52.)

Le 23 novembre, les premières troupes de la Ire division arrivèrent de Laon. Le général Zastrow télégraphia que Thionville, bombardé depuis la veille par 76 bouches à feu de gros calibre, commençait à brûler. D'heureuses nouvelles pour les armes prussiennes parvinrent également de La Fère. Le général Glinitzki annonçait au commandant supérieur que le parc de siège venait de le rejoindre et que la place serait bombardée dans la matinée du 25.

Les différents objectifs de la Première Armée allaient être atteints simultanément. Rien n'entravait plus par conséquent la marche de Manteuffel ni la mise en œuvre des instructions que le maréchal de Moltke venait de lui dépêcher.

Avant d'arrêter son itinéraire, Manteuffel avait chargé le général Grœben de l'éclairer avec sa division de cavalerie. Celui-ci s'était porté à Roye, poussant plus loin des reconnaissances partielles.

Un escadron du régiment de uhlans n° 14 s'avança à mi-chemin d'Amiens et de Roye, jusqu'à Beaucourt, s'éclairant par ses patrouilles au delà de Domart et dans la forêt de Gentelles, à 11 kilomètres d'Amiens.

Ces cavaliers revinrent en rapportant que Bourbaki occupait Amiens à la tête de dix-sept mille hommes, et tous les renseignements reçus confirmèrent les projets de concentration des Français autour de la ville. Ces considérations décidèrent Manteuffel non seulement à diriger le mouvement de la Première Armée sur Amiens, mais encore à le hâter et à prêter de suite un appui solide à ses avant-gardes.

Le 23 novembre, les Prussiens eurent au Quesnel un léger engagement avec des francs-tireurs qui se replièrent devant eux. Leur troupe, sous les ordres du colonel Luderitz, se composait du régiment de uhlans n° 14, d'une compagnie de chasseurs et de deux pièces de canon. Ce détachement, de force supérieure à celle de notre avant-poste, obligea les Français à reculer. Ils se replièrent sur Caix, laissant pour la plupart leurs sacs sur le terrain.

Profitant de cet avantage, le colonel Luderitz, sans s'occuper des francs-tireurs qui fuyaient devant lui, fit pousser une pointe hardie dans la direction d'Amiens par un escadron de uhlans et un détachement de chasseurs que les Français attaquèrent à leur tour, le lendemain 24 novembre.

Le colonel du Bessol dirigeait notre reconnaissance. Il rencontra les Allemands dans les environs du village de Demuin et les fit attaquer de front par un bataillon d'infanterie de marine, sur le flanc droit par le 20e chasseurs, sur le flanc gauche par un bataillon du 69e de marche. Les Prussiens se retirèrent sur la Maison-Blanche, le long de la route d'Amiens à Roye, et le colonel Luderitz accourut au secours de ses hommes si violemment reconduits.

Près de la Maison-Blanche, la route forme un ravin, bordé par des taillis épais. Les Allemands profitèrent de cette disposition favorable pour tendre une embuscade à ceux qui les poursuivaient de trop près. Fusillée à bout portant, déconcertée un instant par l'attaque de gens qu'elle croyait en pleine retraite, l'infanterie de marine se débanda. Les hommes se réfugièrent dans les fossés en contre-bas de la route. Les artilleurs se jetèrent à plat ventre sous leurs caissons. Un de leurs officiers, le lieutenant Laviolette, fut tué.

Aussitôt prévenu, le colonel du Bessol activa le mouvement de ses chasseurs et de son bataillon de ligne. Revenus de leur surprise, ralliés par leurs officiers, les soldats de la marine reprirent intrépidement l'offensive à travers bois, sous la mitraille. Menacé d'être enveloppé malgré sa résistance, le colonel Luderitz se replia prudemment sur le Quesnel et recula jusqu'à Bouchoir.

Le soir de cette affaire, Manteuffel apprenait la capitulation de Thionville. Après 54 heures de bombardement, cette place s'était rendue, livrant à l'ennemi 200 canons et 4,000 prisonniers. En ces 54 heures, l'artillerie allemande avait tiré 8,000 coups.

IV

MARCHE SUR AMIENS

Le général Manteuffel acquiert la certitude de la présence de l'armée française à Amiens. — Retraite des avant-postes français. — Le général Farre, manquant de cavalerie pour s'éclairer, est réduit aux conjectures.

Le 25 novembre, le général Manteuffel reçut du général de Gœben des renseignements très précis sur nos positions.

Parti le matin de Bouchoir, le général avait appris au Quesnel que nous tenions Moreuil et sa forêt. A Boves, à Gentelles, à Cachy, à Villers-Bretonneux, les éclaireurs allemands signalaient de nombreux rassemblements. On racontait en outre que des renforts nous arrivaient du Nord, et les Allemands jugèrent imprudent de séjourner plus longtemps dans les environs boisés de Moreuil. La reconnaissance rentra donc au Quesnel, faisant défendre par son avant-garde la ligne de hauteurs qui va de Beaucourt à Fresnoy.

Bien convaincu maintenant de la présence d'une armée française à Amiens, inquiet jusqu'à un certain point de ses ressources et de son nombre, Manteuffel se décida, après avoir réuni quelques-uns de ses lieutenants en conseil, à marcher vite, à frapper fort, à ne point laisser à la jeune Armée du Nord le temps de se grossir et de se consolider.

Le 26 novembre, à la suite de ce conseil de guerre, la Première Armée s'était portée en avant, et les Français avaient évacué le terrain au sud de la rivière de la Luce. En conséquence Moreuil était vide.

A droite, les Allemands (VIIIe Corps) occupèrent Moreuil et Ailly, envoyant du monde à Essertaux, tandis que la trentième brigade se logeait en avant, dans les villages de Hailles, Thennes et Domart, débusquant un détachement de chasseurs et de francs-tireurs postés à Thesy, repoussant également l'attaque contre Domart de trois bataillons français accourus de Gentelles.

Le général Bentheim avait établi son quartier général à Arvillers. Ses troupes composées de neuf bataillons, cinq escadrons, onze batteries, s'étendaient jusqu'au Quesnel. En arrière, le lieutenant-colonel Hüllessem était parvenu à Roye avec trois bataillons, un escadron, une batterie. Derrière ce détachement, d'autres troupes campaient encore à Noyon.

De ce côté, les reconnaissances trouvaient Demuin et Ignancourt inoccupés. En présence de ces nouveaux renseignements, Manteuffel fit hâter le mouvement en avant de son aile droite, poussant en même temps jusqu'à Rosières le gros de sa division de cavalerie pour éclairer la Somme entre Bray et Corbie.

« La retraite des avant-postes ennemis au delà de la Luce et la destruction des ponts de la Somme, écrit le comte Wartensleben faisaient supposer que la position principale de l'ennemi se trouvait derrière cette rivière et que, de ce côté-ci, il se bornerait à la défense même d'Amiens. On avait l'intention de conserver à la Première Armée sa formation actuelle, en la concentrant le 27 novembre en avant et sur la gauche; mais il fallait observer que le cours réuni de l'Avre et de la Noye séparerait les deux ailes, lors de l'attaque principale à diriger contre Amiens le 28 novembre ».

Des ordres furent donnés en conséquence dans la soirée pour le lendemain; mais les dispositions des Français en arrêtèrent l'exécution et la bataille s'engagea le 27 novembre, alors que Manteuffel ne l'attendait qu'un jour plus tard.

L'Armée du Nord était fort indécise. Privée de cavalerie, elle ne pouvait que se garder de près. Il nous était tout aussi difficile de nous renseigner que de mettre des espions en campagne, car les Allemands, non contents de s'abriter et de se masquer derrière des nuées de uhlans, avaient l'art de rendre leurs lignes impénétrables par la sévérité des règlements et des consignes.

Patrouille de uhlans barrant les routes aux paysans.

Tandis que le général Farre était réduit aux conjectures et n'avait reçu qu'à la dernière heure des renseignements plus que vagues, les Allemands connaissaient déjà les points de nos principaux rassemblements et opéraient en toute sécurité.

Défense avait été faite aux paysans par le quartier général de sortir du village, de cheminer sur les routes, de traverser les champs. Voituriers, piétons, qui avaient désobéi à cette impitoyable consigne, étaient immédiatement arrêtés par les agiles cavaliers aux redoutables lances, bien heureux quand leur escorte se contentait de les reconduire brutalement à leur domicile!

La supériorité des vieilles troupes victorieuses s'affirmait dans ces préludes de la bataille et, déjà, on voyait par là l'infériorité fatale de notre armée improvisée qui, faute de cavalerie légère, ne pouvait ni chasser les essaims de uhlans, ni masquer les mouvements de ses colonnes, ni surveiller ceux de l'ennemi.

A l'étude de ces manœuvres préparatoires, de tous ces menus faits, de ces marches raisonnées, patientes, qui déterminent les victoires, on comprend mieux les hésitations des généraux français, leur peu de goût à tenir la campagne, leur préférence pour la défensive.

S'ils ne doutaient pas du courage de leurs troupes, ils connaissaient la pauvreté de leur outillage et la misère de leurs ressources.

V

VILLERS-BRETONNEUX

État de la défense d'Amiens. — Considérations qui obligent le général Farre à combattre dans une situation désavantageuse. — Double attaque de l'armée allemande. — Importance de l'action sur l'aile droite française. — Héroïque attitude du colonel du Bessol. — Les dernières cartouches. — Confusion de la retraite. — Capitulation de La Fère.

Le général Farre, commandant intérimaire du 22e corps, ne pouvait se méprendre sur le principal objet du plan de Manteuffel malgré l'insuffisance des renseignements qu'il avait reçus de la marche de son adversaire.

Évidemment, cette concentration de troupes venant de Breteuil, Montdidier et Roye, ne pouvait se dissimuler plus longtemps et indiquait manifestement l'intention formelle des Allemands de mettre la main sur Amiens.

Le récit du colonel comte Hermann de Wartensleben atteste que les apparences étaient conformes à la réalité :

le général Manteuffel avait bien reçu du grand quartier général de Versailles la mission d'occuper les capitales de la Picardie et de la Normandie, de manière à rendre impossible, sur ces deux points d'une si grosse importance, toute organisation offensive contre Paris.

Le devoir qui s'imposait au chef du 22e corps était donc de ne pas laisser tomber Amiens entre les mains de l'ennemi et de venir en aide à cette place, si elle n'était pas en mesure de se défendre seule. Quand même la ville eût été en mauvais état et le 22e corps mal préparé pour la lutte, les efforts communs de la garnison et d'une armée de secours opérant au dehors autorisaient le chef du 22e corps à espérer un heureux résultat.

Si on avait beaucoup travaillé autour d'Amiens, où commandait le général de cavalerie Paulze d'Yvoy, on y avait malheureusement travaillé assez mal, sans méthode et sans grande utilité pour les besoins de la défense. On n'avait, non plus, pris soin d'amener autour de la ville l'artillerie nécessaire, de sorte qu'à l'heure du péril, à la veille d'être attaquée, la capitale picarde n'avait d'autre protection sérieuse que celle de sa citadelle, car il ne fallait compter pour rien des ouvrages mal conçus et dépourvus de canons.

On avait donc perdu de vue, dans cette organisation hâtive de l'Armée du Nord, la nécessité de lui assurer des points d'appui et, alors que les troupes si peu solides du

22e corps auraient eu le plus urgent besoin de se sentir abritées par des places fortes bien armées, bien approvisionnées, c'était elles qui devaient les défendre et les sauver.

De cette première faute résultaient d'irréparables inconvénients. Du moment que le général Farre se trouvait entraîné à combattre pour sauver Amiens, il ne pouvait choisir son terrain de bataille et il était placé dans la double nécessité d'aller de l'avant pour dégager la ville et, en même temps, de s'étendre démesurément pour assurer sa propre ligne de retraite.

En examinant la carte de la région, on reconnaît, en effet, que l'Armée du Nord, pour ne pas être débordée à sa gauche par l'aile droite allemande, devait occuper Corbie, mais que, pour couvrir efficacement Amiens, elle devait se prolonger sur sa droite jusqu'à Pont-de-Metz, comme point extrême, en barrant les routes de Paris, de Saint-Fuscien, de Compiègne et de Roye, d'où venait l'ennemi. Par suite, il fallait s'éparpiller sur une ligne courbe allant de Pont-de-Metz à Corbie et formant une forte saillie à Villers-Bretonneux.

Cette situation n'eût été convenable que pour une armée de force suffisante et abondamment pourvue d'artillerie. Étant données les ressources dont il disposait, il est exact que le général Farre allait combattre dans une position en l'air, ainsi qu'on le lui a reproché. Mais, s'il s'était borné à l'expectative, s'il s'était solidement cantonné derrière la Somme comme le veulent ceux qui l'ont critiqué, il est probable qu'il eût fait assister sa jeune armée, l'arme au pied, à l'occupation d'Amiens par les soldats de Manteuffel.

Ne disposant d'aucun moyen de détourner la marche de la Première Armée, le général Farre accepta les événements tels qu'ils se présentaient. Ce fut ainsi qu'il livra la bataille dans des conditions où il était dangereux d'avancer et où il n'était peut-être plus possible de reculer.

Si le Gouvernement de la Défense avait été moins exclusif et s'il avait adjoint un homme de guerre à sa délégation de province, il est vraisemblable que l'on eût évité bien de graves fautes d'origine qui pesèrent sur toute la campagne.

Bourbaki et le général Farre avaient été débordés par les soins à donner aux premiers effectifs de l'Armée du Nord. On ne pouvait attendre, non plus, de M. Testelin, représentant civil, des qualités de tacticien s'improvisant sous la violence du péril. En conséquence, sans ordres venus de Tours, sans vues d'ensemble sur la guerre, la défense avait dû se localiser au lieu de s'unifier dans l'effort de la résistance, Chacun s'était confiné dans sa tâche personnelle, très lourde d'ailleurs.

Le général Farre, officier de génie, était devenu chef d'état-major. Le général Paulze d'Ivoy, officier de cavalerie, avait été chargé de fortifier Amiens. On voit par ces exemples que, si le délégué à la guerre et son représentant étaient animés du désir de bien faire, leur choix ne s'appuyaient guère sur des aptitudes reconnues. On eût fait du loyal Drouot un général de cavalerie et de Murat un artilleur; des hommes qui se seraient montrés fort experts dans leur art se trouvaient déplacés et gênés dans des rôles qui sortaient de leur emploi et de leur savoir.

Tandis que le maréchal de Moltke savait admirablement où il allait et tissait lentement, prudemment, l'immense toile sous laquelle il voulait étouffer Paris, le Gouvernement de la Défense ne pensait qu'à lever des armées et à les jeter au secours de la capitale. Tandis que de Moltke avait jugé de suite l'importance de la possession de l'Oise, puis de la Somme, pour contenir les efforts de l'Armée du Nord, les organisateurs de la défense ne s'en étaient inquiétés que vaguement, occupés qu'ils étaient à lever la France en masse.

Le général Farre, absorbé par la tâche accablante de former son armée, d'organiser la région, n'avait songé à sérieusement surveiller la marche de Manteuffel et à assurer la sécurité d'Amiens qu'au moment où il était trop tard pour défendre cette ville utilement; le général Paulze d'Ivoy, à qui personne n'avait expédié de canons pour garnir ses ouvrages, les croyait vraiment redoutables, alors qu'ils ne pouvaient rendre les services qu'il en attendait.

Le Gouvernement avait bien compris qu'une poussée formidable de la province se ruant sur les derrières de l'armée de siège devait sauver Paris entouré par des forces insuffisantes, mais il ne se rencontra personne pour rendre exécutable ce plan, et, quand la capitulation de Metz donna au maréchal de Moltke des armées de soutien pour le couvrir, les Prussiens, dans leur retour offensif, ne trouvèrent ni places fortes, ni retranchements pour arrêter leur marche envahissante.

Les places étaient dans l'état lamentable où l'Empire les avait laissées. Les armées n'étaient que de grosses réunions d'effectifs armés de fusils disparates et vêtus de mauvaises blouses. A côté de l'âme de Danton, qui revivait en Gambetta, il eût fallu l'âme de Carnot pour changer ces soldats en héros, ces forteresses abandonnées en citadelles imprenables, ces généraux méfiants et inquiets en capitaines invincibles. Gambetta fut le grand ministre de l'intérieur : il n'y eut pas, à côté de lui, de grand ministre de la guerre. Pour le salut de la patrie, le second était tout au moins aussi nécessaire que le premier.

Le temps, pluvieux dans la journée de la veille, s'était rasséréné dans la matinée du 27 novembre. Le général Paulze d'Ivoy fut chargé avec les sept ou huit mille hommes de la garnison d'Amiens d'occuper les ouvrages ébauchés en avant de la ville, et l'on put fort heureusement lui adjoindre au dernier moment une batterie de 12 (commandant Meunier), servie par des marins, qui arrivait à l'instant de Douai par chemin de fer. Le général Paulze d'Ivoy s'établit en avant de Dury.

Par suite de la configuration des lieux sur lesquels on allait combattre, l'action qui s'engageait devait moins ressembler à une bataille d'ensemble qu'à une double attaque de l'ennemi sur le front droit et sur la gauche de l'armée française.

A 10 heures du matin, les têtes de colonnes prussiennes commencèrent à déboucher. Bientôt la fusillade éclatait sur la droite française à Salouel, Dury, Boves et Gentelles, tandis que, vers la gauche, une violente attaque se préparait contre Villers-Bretonneux. A 11 heures, toute la ligne était en feu.

Notre aile droite n'avait pu arrêter la marche de la gauche allemande formée par le VIIIe corps. Malgré la magnifique défense du commandant Meunier, qui fut tué sur sa batterie, Dury et son cimetière avaient été occupés par la brigade Beyer von Karger (n° 32) qui avait délogé, à la suite d'un premier combat, nos chasseurs à pied du village et du bois d'Hébecourt.

Les brigades Strubberg (n° 30) et Bock (n° 29) n'avaient pas été moins heureuses. La première, rencontrant nos troupes à Fouencamp et au Paraclet, nous avait ramenés du Paraclet sur Boves, tandis que la seconde, après s'être avancée jusqu'à Saint-Fuscien, concourait énergiquement à l'attaque de Boves et des ruines du vieux château.

Ce mouvement de flanc rendait fort critique la position de Boves, dont la conservation était pour nous de la plus haute importance. Malheureusement, il avait été impossible de réunir de ce côté les forces capables d'arrêter ce mouvement et toute l'ambition des Français s'y bornait à couvrir simplement Amiens. Après une lutte acharnée, les brigades Strubberg et Bock réussirent à s'emparer de Boves et du château, ainsi que du village de Saint-Nicolas. Les efforts que nous tentâmes pour reprendre Boves furent inutiles et, bientôt, la lutte se réduisit à un feu de mousqueterie au moyen duquel les Allemands nous continrent dans la forêt de Gentelles.

L'action avait pour Manteuffel beaucoup moins d'importance sur notre droite que sur notre gauche. C'était à notre gauche, avant tout, qu'il voulait vaincre, et le combat s'y dessinait plus implacable, se ramassait en une arène plus étroite.

Le 69e de marche et le 20e bataillon de chasseurs occupaient Cachy et Gentelles. Déployés en avant de Gentelles, nos soldats avaient dû se replier. Ils se retranchèrent dans les maisons, s'y défendirent héroïquement et tinrent jusqu'au moment où les canons prussiens incendièrent le village. Le 20e chasseurs battit alors en retraite sur le Bois-l'Abbé avec l'aide d'un bataillon du 91e de marche accouru à son secours, et, grâce à ce précieux renfort, parvint à tenir les Prussiens en respect dans Gentelles.

A Cachy, l'incendie avait forcé le 43e à reculer. Le commandant Rosselin fut tué, mais ses officiers, brûlant de venger sa mort, rallièrent leurs hommes, les ramenèrent au feu et rentrèrent dans le village qu'ils conservèrent jusqu'au soir.

Dès 3 heures, l'attaque prussienne mollissait sur ce point et six bataillons français occupaient fortement le Bois-l'Abbé.

Tout l'effort du général Bentheim s'était, en effet, porté sur Villers-Bretonneux.

Là, le colonel du Bessol ne disposait que de peu de monde. C'est à peine s'il avait réuni trois mille hommes, dont la garde mobile fournissait les deux tiers, et auxquels vinrent s'ajouter le 2e bataillon de chasseurs et des hommes détachés des 65e et 75e (de la brigade Lecointe) qui lui furent amenés vers dix heures par le lieutenant-colonel de Gislain.

Jusqu'à 2 heures, du Bessol avait réussi à se maintenir à Villers contre des troupes bien supérieures en nombre, et, à deux heures et demie, toutes ses forces étaient engagées. Se servant de la voie ferrée comme d'une défense naturelle, le colonel avait fait dresser, tout à côté du Pont du Moulin, un épaulement défendu par de l'artillerie : une batterie de 4 sur la route de Hangard, une de 12 adossée à une grande fabrique à l'ouest de Villers, et une troisième (de 4) laissée en réserve à proximité de la gare.

Vers 2 heures 1/2, deux colonnes allemandes avaient débouché de Marcel-le-Cave, tandis que leur artillerie balayait notre épaulement du chemin de fer, dont la garde avait été confiée à un détachement de 200 mobiles renforcé d'une compagnie du 2e bataillon de chasseurs. Ces mobiles se crurent perdus en voyant les Prussiens arriver sur eux. Ils lâchèrent pied sans tenter même de se défendre; et les chasseurs, ne se jugeant plus en nombre pour résister, se retirèrent à leur tour, laissant les Allemands maîtres sans combat d'une position d'importance capitale pour l'armée française.

Les vainqueurs poussèrent des hurrahs de triomphe, les fuyards y répondirent par des cris de terreur; les canons allemands, tonnant tout à coup sur notre flanc, semèrent partout la panique. A la faveur de ce désordre, une colonne prussienne essaya de se couler jusqu'à la station du chemin de fer, mais elle fut arrêtée net par le feu roulant d'une compagnie de francs-tireurs embusqués derrière le pont de Villers. Si le pont n'avait pas

Le champ de bataille de Villers-Bretonneux. — D'après un document allemand.

été défendu en ce moment, notre retraite eût été coupée.

Ce petit fait-d'armes produisit l'effet le plus heureux. Surpris par la décharge très meurtrière des francs-tireurs, croyant à la venue de troupes fraîches et à une reprise nouvelle de cette lutte sanglante, les Allemands s'étaient enfuis.

Profitant de leur désordre, du Bessol se jeta en avant, le képi au bout du sabre, comme les glorieux généraux de la République et de l'Empire. Suivi des derniers combattants, de la poignée de braves qui voulaient marcher encore, l'intrépide colonel accompagné d'un aide de camp, fondit sur l'ouvrage que nous venions de perdre et eut la chance incroyable de le reprendre et de s'y maintenir.

A 3 heures, sans nous laisser respirer, les Allemands renouvelèrent leur effort et tentèrent une dernière attaque. Leurs bataillons sortaient en bel ordre de Marcel-le-Cave, s'avançaient avec une fermeté admirable, dans la volonté de mourir plutôt que de reculer, subissant jusqu'à 1.000 mètres le feu à volonté de notre batterie de 12 qui coucha des rangs entiers de cadavres sur ce terrain si chèrement disputé.

Derrière l'épaulement, nos troupiers épuisés par une lutte inégale, perdaient l'espoir à la vue de ces masses profondes qui serraient leurs rangs à mesure que la mort les éclaircissait. Pour la seconde fois, les Français reculèrent en désordre jusqu'au pont de Villers, où du Bessol, magnifique de contenance et d'ardeur, rallia encore quelques héros dignes de lui.

Ramenant au feu ces combattants intrépides qui ne pouvaient se décider à laisser l'ennemi maître de l'épaulement, le colonel fit chanceler et osciller l'attaque. A ce moment, son cheval fut tué, et il fut atteint lui-même, tandis que l'intrépide Giovaninelli tombait à ses côtés, grièvement frappé. Privés des deux chefs qui les avaient si énergiquement lancés à l'attaque, les Français s'arrêtèrent, mais, s'ils ne purent prolonger leur offensive, ils ne permirent pas du moins aux Allemands de s'abriter encore dans ce réduit qui avait coûté tant de sang aux deux partis.

Le chef de la 3e brigade, après avoir reçu un pansement sommaire, avait eu l'énergie de se faire reconduire en voiture sur le terrain, lorsque le général Farre y arriva à son tour. Une batterie de 8 envoyée au secours des vaillants défenseurs de Villers-Bretonneux permit de rétablir le combat et nos soldats tinrent encore une heure et demie, jusqu'à ce que leurs munitions fussent presque complètement épuisées. Dans ce nouveau péril, les hommes ne songèrent pas à fuir. Ils réclamaient à grands cris des cartouches et les plus obstinés fouillèrent les cartouchières des blessés et des morts pour recharger leurs armes encore fumantes. A la fin du combat, on les vit se coucher à plat ventre dans les champs, ménageant leurs derniers coups de fusil et répondant, à de rares intervalles, à la pluie de fer qui les criblait.

Quand la position ne fut plus tenable, quand la nuit tombante vint ajouter encore à l'horreur de cette scène, le général en chef se décida à donner l'ordre à l'artillerie de se retirer sur Corbie.

A ce commandement, les batteries se dirigèrent vers le pont de Villers au galop de leurs attelages. Nos fantassins se croyant abandonnés, le cri lugubre de « Sauve qui peut! » s'éleva des rangs confondus. Aussitôt la retraite commencée tourna en effroyable débandade.

Les conséquences de cette panique auraient été incalculables sans le dévouement du commandant Aynès et du capitaine Didio; ces deux braves officiers purent couvrir la retraite à la tête de quelques hommes de cœur qui n'avaient pu se résoudre, après s'être si bien battus, à tourner le dos lâchement.

Pendant que notre gauche se retirait sur Corbie dans ce lamentable état, le général Lecointe, sur notre droite, avait évacué le bois de Gentelles et le colonel Derroja avait été refoulé dans Longueau.

A cette heure tardive, l'Armée du Nord offrait l'aspect le plus désordonné, le plus désolant. Les fuyards, ne sachant par où s'exécutait la retraite, filaient, les uns sur Corbie, les autres sur Amiens, ignorant les ordres de leur chef. Pour simplifier le ralliement, le général Farre avait ordonné à la gendarmerie de ne laisser entrer dans Corbie que la troupe régulière et de renvoyer sur Amiens tous les hommes de la mobile. Le tumulte et le mécontentement des soldats furent extrêmes. Après une telle journée de fatigue, c'était pour eux une déception bien cruelle de se voir fermer la porte du gîte qu'ils avaient si péniblement gagné.

Malgré cette mesure, il n'y avait plus d'apparences de brigade, de régiment, de bataillon, de compagnie. Corbie ne renfermait qu'une foule dont les fusils devenaient inutiles, car il ne restait plus de cartouches pour les charger : une foule entièrement livrée à la fureur des vainqueurs, si ces derniers s'étaient doutés du désarroi du camp français.

Fatigués eux-mêmes de la lutte de la journée, croyant avoir devant eux des corps solidement ralliés, les Prussiens se contentèrent de faire reconnaître les bords de la Somme par leurs éclaireurs et de relever les endroits les plus favorables au rétablissement du passage du fleuve. Pendant que ces patrouilles allemandes préparaient les moyens de la poursuite, aucun ordre n'avait été donné pour nous garder ou pour surveiller l'attitude de l'ennemi. Le commandant Aynès, qui avait déployé tant d'énergie pour couvrir la retraite, s'aperçut de ce nouveau péril et organisa un service d'avant-postes avec l'assistance d'un chef de corps-franc.

Pendant que le général Farre, au milieu d'une aile gauche débandée et harassée, nourrissait l'illusion de pouvoir continuer le lendemain la bataille à l'abri de la Somme, le général Manteuffel, fort heureusement pour nous, ne soupçonnait point du tout la vérité si triste pour notre cause.

Il ne lui avait pas été possible, sur ce vaste champ de bataille, de suivre pas à pas les phases multiples du double combat livré à sa droite et à sa gauche.

Craignant à un moment de voir ses deux ailes coupées l'une de l'autre par une attaque que le général Lecointe eût pu tenter avec succès, il demeura toute la journée entre ses deux corps d'armée, prêt à défendre avec la dernière énergie le passage de la rivière de la Luce, à la tête des troupes d'escorte qui consituaient son unique réserve : quelques pelotons de hussards et le bataillon n° 26. Vers le soir, il s'était porté auprès du moulin de Thennes.

Pendant que la droite prussienne commandée par Bentheim avait décisivement assuré le succès de la journée en s'emparant de Villers-Bretonneux malgré l'héroïque résistance de du Bessol, de Giovaninelli, et du lieutenant-colonel de Gislain, Manteuffel, très inquiet du sort de la bataille, recevait une dépêche du général Zglinitski, lui annonçant la chute de La Fère. Ce fut dans le moulin abandonné de Thennes, sous des rafales de vent et de pluie, qu'il prit connaissance de la dépêche de son lieutenant, à la lueur intermittente d'allumettes-bougies que lui présentait un de ses officiers d'état-major.

La Fère, dont le général Zglinitski avait télégraphié la capitulation à Manteuffel, s'était rendue après quarante-huit heures de bombardement.

Son gouverneur était un officier de marine, le capitaine de frégate Planche, qui avait déclaré à la population qu'il ne capitulerait pas tant qu'il lui resterait une gargousse et une miette de biscuit.

Le capitaine Planche venait de recevoir ce poste et ne connaissait pas encore les périls ni les difficultés de la mission dont il avait accepté la responsabilité.

Le général Zglinitski, après avoir investi la place dont aucun ouvrage sérieux ne défendait les approches, mit en batterie 36 pièces de siège, et, le 25 novembre, sans aucune sommation, cette grosse artillerie ouvrit un feu terrible.

Plusieurs incendies se déclarèrent aussitôt. La ville et les remparts furent couverts de projectiles. Soldats et habitants durent se réfugier dans les caves des maisons, car la même imprévoyance que l'on avait constatée dans les autres places fortes avait préparé aux Allemands de faciles succès. On avait bien entassé à La Fère la poudre et les cartouches; mais le génie n'avait nullement songé à pratiquer des abris et des casemates pour les défenseurs.

Manteuffel prend connaissance à la lueur d'allumettes-bougies de la dépêche lui annonçant la capitulation de La Fère.

Si le capitaine de frégate Planche avait voulu prolonger la résistance, il n'aurait peut-être manqué ni de gargousses, ni de biscuit, mais très probablement de soldats.

Sous le feu écrasant de l'artillerie du général Zglinitski, il n'y avait qu'à se faire tuer sans utilité, sans espoir. Le gouverneur de La Fère le comprit et ne s'obstina pas. Il envoya aux assiégeants un parlementaire et rendit la place, le 26, aux conditions des capitulations de Sedan et de Metz.

VI

CONSÉQUENCES

DE LA JOURNÉE DE VILLERS-BRETONNEUX

Manteuffel au château de Moreuil. — Évacuation d'Amiens. — Départ des troupes françaises. — Une panique.

La victoire des Prussiens était complète. Ils avaient arrêté ou rejeté notre droite sur Amiens et refoulé notre gauche sur Corbie. Fort heureusement (il faut bien le répéter), le général Manteuffel ne soupçonnait pas l'étendue de l'avantage qu'il venait de remporter.

Sur cet immense champ de bataille semé de villages, hérissé de bois épais, coupé de cours d'eau et de marais, creusé de tourbières et de ravins, il n'avait pu embrasser d'un coup d'œil toutes les péripéties de la lutte et il avait été obligé, en même temps, par suite du développement énorme de l'action, de mettre en ligne toute son armée et de faire donner jusqu'aux troupes de son escorte. En admettant donc qu'il eût été renseigné sur les diverses phases de la lutte, il n'eût pu appuyer ses deux lieutenants Gœben et Bentheim de ces bataillons frais dont l'arrivée décide du succès des batailles et permet au général victorieux d'achever la déroute de l'ennemi.

Les Prussiens se contentèrent d'occuper les positions françaises et la première dépêche du comte Wartensleben (28 novembre) annonça simplement que l'armée française, à la suite d'un mouvement offensif, avait été battue par la Première Armée et rejetée partie sur ses défenses d'Amiens, partie derrière la ligne de la Somme.

Ce fut au château du comte du Plessis, près de Moreuil, et seulement vers le milieu de la nuit qui suivit la bataille, que Manteuffel apprit définitivement sa victoire et le succès de son aile droite, de la bouche du lieutenant-colonel Burg, chef d'état-major du Ier corps. A ce moment, il ignorait encore la prise de Villers-Bretonneux. Il ignorait, surtout, en quelle confusion la brigade du Bessol avait gagné Corbie.

Pensant que l'Armée du Nord prolongerait la lutte le lendemain dans la position défensive excellente que lui offrait la ligne de la Somme, le général en chef de la Première Armée avait déjà fait préparer les ordres pour ses deux corps. Après avoir conféré avec le général de

Grœben qui, à l'aile gauche, n'osait prendre l'engagement d'enlever Dury, il s'était contenté d'arrêter des mesures de détail, de relier le Ier et le VIIIe corps l'un à l'autre et de se faire éclairer par sa cavalerie, jugeant prudent de ne rien risquer avant que le Ier corps se fût complété des troupes attendues de Noyon et de La Fère.

Dans la matinée du 28, les rapports de la cavalerie firent savoir que Gentelles et Cachy étaient évacués et que les Français avaient fait sauter les ponts de la Somme. Dans les deux villages, les éclaireurs avaient trouvé de nombreux blessés ainsi qu'une quantité considérable d'armes et d'objets d'équipement abandonnés par les fuyards.

A cette nouvelle, le général en chef donna l'ordre à la cavalerie de poursuivre les Français et lui envoya ses pontonniers afin de faciliter et d'accélérer le passage du fleuve.

A la gauche des Allemands, les événements tournaient encore plus à leur avantage qu'ils n'avaient osé le souhaiter. Tandis que le général de Grœben jugeait impossible d'enlever Dury, ses éclaireurs, étonnés de ne pas entendre notre feu, s'avançaient lentement sur nos ouvrages et constataient avec une indicible surprise que personne ne les défendait. Gœben aussitôt prévenu avait fait occuper les ouvrages évacués si facilement et s'était avancé avec la plus grande circonspection, pouvant à peine croire à sa bonne fortune et s'attendant à toute minute à recevoir des coups de fusils.

Voici quels événements s'étaient passés de notre côté, pendant la nuit, et les causes pour lesquelles Amiens fut abandonné par nous sans tentatives nouvelles de combat.

Le général Farre avait prescrit, ainsi qu'il a été dit, de renvoyer les troupes régulières à Corbie et la mobile à Amiens, mais le lieutenant-colonel chef d'état-major de Villenoisy ignora cet ordre ou ne le connut que trop tard et dirigea tout le monde qu'il rencontra sur Amiens. Par suite de cette double direction donnée à la retraite par le général en chef et son chef d'état-major, le gros de l'armée, avec presque tous ses chefs, se trouva réuni à Amiens.

Pendant que le général Farre croyait pouvoir recommencer à se battre le lendemain (ce qui n'était pas prouvé), les chefs présents à Amiens se concertaient la nuit même et opinaient pour la retraite, décidant qu'on laisserait le soin de défendre la ville au général Paulze d'Ivoy qui l'avait fortifiée. Celui-ci objecta que ses fortifications manquaient de ce qui est nécessaire. Il avait réclamé pour elles des canons à cor et à cri : il les attendait toujours. Il demanda si on allait lui en laisser. Personne n'ayant pu le lui promettre, il déclara que ses troupes suivraient l'armée et se retireraient avec elle.

La retraite commença le lendemain de bonne heure. Un témoin oculaire, M. Henry Daussy, conseiller municipal, a relaté le départ de l'armée dans une intéressante et courte brochure (1).

Vers sept heures, M. Daussy s'était rendu à la gare pour savoir s'il y avait encore des trains en partance pour le Nord. Il trouva la gare vide et le matériel roulant évacué. A ce moment, arriva un officier de marine, à la tête de ses hommes. Cet officier n'avait reçu aucun ordre au sujet de la retraite et venait chercher des cartouches pour continuer à combattre. M. Daussy lui apprit les nouvelles de la nuit et l'engagea à filer sur Doullens. Le brave marin semblait ne pas trop savoir ce qu'était Doullens ni par quel chemin il devait s'y rendre. Fort heureusement, un détachement d'infanterie cheminait à ce moment sur le boulevard en assez bon ordre. « Vous n'avez, dis-je au lieutenant, raconte M. Daussy, qu'à emboiter le pas. Il me serra la main et suivit la colonne avec ses hommes ».

Les plus tristes événements se succédaient de ce côté. L'incertitude des Allemands sur notre état et sur nos desseins aurait dû permettre à nos troupes de se retirer sans hâte, mais il semblait, en cette terrible guerre, que tout devait se tourner contre nous.

On avait décidé, pour éviter des malheurs et des rixes

(1) Henry Daussy, *l'Entrée des Prussiens à Amiens.*

dangereuses, de désarmer les gardes nationaux. Ces miliciens improvisés avaient reçu des fusils à piston. Avant de rendre leurs armes, ils tirèrent en l'air pour les décharger plus commodément. Au bruit de cette fusillade, des ouvriers qui arrivaient du faubourg de Noyon se mirent à crier : « Les Prussiens! les Prussiens! » et prirent la fuite, croyant que l'ennemi entrait de vive force dans la ville. Les troupes, entendant ces décharges et ces cris d'épouvante, répétèrent les cris des ouvriers du faubourg de Noyon et, en un clin d'œil, la déroute les emporta.

« Rue des Augustins, dit M. Daussy, l'artillerie détalait au grand galop; chevaux et cavaliers passaient comme le vent, les canons dansaient sur le pavé avec un bruit assourdissant. Rue du Soleil, aux abords de la cathédrale, les fusils jonchaient le pavé ».

Un mobile du 101e régiment de marche confirme ce récit dans une brochure intitulée : *Le 3e Bataillon des Mobiles de la Marne.* A quatre heures du matin, rapporte ce mobile, on entendait battre le rappel dans Amiens, et, à cinq heures, la compagnie dont il faisait partie recevait l'ordre de se retirer avec ses bagages et de suivre l'armée sur Arras et Doullens. Les hommes étaient désolés. Ignorant ce qui s'était passé la veille à Villers-Bretonneux, ils ne pouvaient comprendre comment on abandonnait la ville sans tenter de la défendre et leur tristesse s'accrut encore à la vue du désordre qui régnait dans les rues.

Après avoir eu bien de la peine à se frayer un chemin, ces mobiles s'étaient dirigés vers la gare par les boulevards. Ils espéraient qu'on allait les faire filer par le chemin de fer, mais cet espoir fut déçu. Bientôt les régiments se débandèrent. Les artilleurs et les gendarmes furent emportés à leur tour dans l'affolement de l'infanterie. Cavaliers, canons et voitures se jetaient au galop vers le pont de la Somme, sans se soucier de ce qu'ils rencontraient sur leur chemin. Les mobiles, maintenus dans les rangs par leurs officiers, quittèrent alors la route et cheminèrent sur les glacis de la citadelle pour ne pas être broyés sous cette trombe d'hommes et de chevaux. Les compagnies de grand'garde laissées en arrière s'étaient repliées à leur tour, un peu plus tard, et avaient trouvé le boulevard envahi par des gardes nationaux effarés « déchargeant en l'air leurs armes désormais inutiles, les brisant ou les jetant sur la voie du chemin de fer qui longe la chaussée ».

Au milieu de ce désordre et de ce manque de sang-froid et de fermeté qui pouvaient entraîner l'anéantissement de l'armée, il faut mentionner la présence d'esprit d'un officier de l'armée auxiliaire, le colonel Crouzat qui songea à sauver les pièces de la garde-nationale en les expédiant sur Montreuil et Abbeville.

VII

OCCUPATION D'AMIENS

Les Allemands au faubourg de Beauvais. — La citadelle d'Amiens. — Sa garnison. — Mort du commandant Vogel. — Nécessité de capituler. — Le général Manteuffel décide une expédition contre Rouen.

Les Prussiens avaient été tellement surpris de l'évacuation d'Amiens qu'ils ne se hâtaient point d'y entrer. M. H. Daussy, que ses fonctions de conseiller municipal mettaient en mesure de voir les événements de très près, s'était rendu au faubourg de Beauvais où la foule se portait en masse.

« A cinquante mètres environ plus loin que l'église, écrit-il, je rencontrais les premiers Prussiens que j'aie vus, trois fantassins, enveloppés de leur laide capote vert-bouteille ».

Ces trois compagnons, envoyés en éclaireurs pour savoir à quoi s'en tenir sur l'esprit de la population, n'avaient vraiment pas l'air de tirer vanité de la mission qu'ils avaient reçue. En avançant sur la chaussée entre deux haies de curieux, précédés et suivis d'une véritable marée humaine, ils craignaient à tout moment d'être étouffés sous ces flots vivants ou d'être fusillés à bout portant. Cependant, ils cheminaient lentement, de leur pas lourd, fumant leurs pipes de porcelaine, lançant des regards perçants et craintifs sur tout ce peuple qui les regardait et les escortait. Certes, il devait y avoir bien de la tristesse pour un homme de cœur à considérer ces trois vainqueurs tremblant de peur au milieu de la population d'une grande ville obligée de les recevoir sans résistance.

M. Daussy poursuivit sa route jusqu'à l'entrée du faubourg fermée par une grande barricade qui n'avait pu servir à rien. Derrière cette grande barricade brillaient les baïonnettes allemandes. S'il était arrivé malheur aux trois hommes partis en avant, ils eussent été promptement vengés. Quand les Prussiens aventuraient quatre hommes et un caporal, ils ne les perdaient jamais de vue. Que la moindre violence eût été commise, un feu terrible eût ensanglanté le faubourg. M. Daussy avait hâté le pas pour s'informer de ce qui se passait à côté de la barricade.

On lui désigna une petite maison portant le numéro 205 devant laquelle deux hussards montaient la garde. Le salon de cette maison était occupé par M. Hirsch, lieutenant au 40e d'infanterie, qui s'était installé près d'une petite table et interrogeait le maire, M. Dauphin, tout en prenant des notes sur son carnet. A côté du maire se tenaient MM. Demailly, adjoint, Duflos, Fleury, conseillers municipaux, et Martelet, directeur de la filature de Ham.

Le lieutenant Hirsch parlait fort proprement le français. Avant de s'exposer ainsi que ses hommes, il avait jugé prudent de mander auprès de lui le maire et d'en faire un otage qui répondrait du calme des habitants; il était si peu rassuré qu'il prétendait obtenir de lui l'assurance formelle qu'on ne tirerait pas sur son détachement. M. Dauphin répliqua judicieusement que la municipalité avait pris toutes les précautions humaines pour empêcher des catastrophes et que la garde nationale avait été désarmée. Hors de là, il était incapable de rien affirmer. L'officier allemand insista encore et eut quelque peine à comprendre qu'une promesse du maire, semblable à celle qu'il réclamait, ne garantirait absolument rien. Il s'informa ensuite de ce qui se passait à la citadelle. On lui répondit que l'autorité militaire avait envoyé l'ordre de l'évacuer. A ce moment de l'entretien, on entendit un grand bruit de chevaux et le lieutenant Hirsch n'eut que le temps de sortir pour arrêter une troupe de hussards qui s'apprêtaient à entrer en ville au grand trot.

Le chef de cet escadron, nommé Starkloff, demanda le

Entrée de la première patrouille prussienne à Amiens.

maire et le lieutenant d'infanterie lui communiqua les

notes qu'il venait de prendre. Starkloff dépêcha sur-le-champ un de ses officiers prévenir le général de Grœben de ce qui se passait, puis il demanda au maire de le mener lui-même à l'Hôtel de Ville. Celui-ci s'y refusa énergiquement, ne voulant pas avoir l'air d'introduire l'ennemi dans sa ville, et le hussard entra dans une si effroyable colère qu'il menaça M. Dauphin de son révolver. Cette menace n'ayant produit aucun effet, il eut recours à un autre genre d'intimidation et commanda une escouade pour forcer le maire à marcher.

Déjà, sur son ordre, les hommes sortaient de la barricade, mais l'officier se ravisa subitement. Il demanda combien il fallait de temps aux conseillers pour se rendre à l'Hôtel de Ville. On lui répondit qu'il ne fallait pas compter plus de dix minutes : « Eh bien, fit-il, partez les premiers ; dans vingt minutes je marcherai en avant ».

Dès qu'ils furent rentrés à l'Hôtel de Ville, les conseillers municipaux apprirent de leurs collègues qui étaient restés qu'ils avaient commis une très grosse erreur en annonçant aux Allemands l'évacuation de la citadelle qui était toujours occupée.

MM. Daussy et Duflos coururent détromper le commandant Starkloff, tandis que MM. Dewailly et de Favernay allaient s'informer à la citadelle des intentions de son gouverneur.

Les deux conseillers dépêchés au chef d'escadron Starkloff revinrent rendre compte au Conseil de leur entrevue avec cet officier qui ne tarda pas à se présenter devant l'Hôtel de Ville à la tête de ses hussards. M. Dauphin était sorti sur sa demande. Les conseillers apprirent avec indignation et stupeur qu'il n'avait fait demander le maire que pour le forcer à le conduire devant la citadelle. Ils étaient encore sous le coup de cet acte de violence et de barbarie quand une musique militaire se fit entendre sur la place. C'était celle du 40e d'infanterie, de la division Barnekow, qui entrait triomphalement sans brûler une cartouche dans cette ville où, le matin même, le général de Grœben ne s'engageait pas à aller coucher!

L'armée française partie, restait la citadelle. Son commandant était un vieux Lorrain, le capitaine Vogel. Sa garnison comptait trois compagnies du 10e bataillon de la garde mobile du Nord et cent cinquante artilleurs de la garde mobile de la Somme. Pour matériel de défense elle possédait 22 bouches à feu.

Les mobiles du 10e bataillon avaient été envoyés à la citadelle dans la nuit qui suivit la bataille. Dès qu'il eut reçu ces trois compagnies, le commandant fit lever le pont-levis. Du haut des remparts, la petite garnison du capitaine Vogel assista au défilé de l'Armée du Nord sur la route de Doullens, et, vers dix heures du matin, une délégation du conseil municipal vint interroger le commandant de la citadelle sur ses intentions.

Le capitaine Vogel était un brave homme. Il comprit que les habitants d'Amiens, ville ouverte et pacifique, étaient effrayés de son voisinage. Il savait que ses artilleurs étaient des enfants du pays. Il croyait aussi sa position meilleure et plus forte qu'elle n'était en réalité. Il renvoya les bourgeois du conseil municipal avec de bonnes paroles et la promesse de se tenir sur la défensive, sans se rendre compte qu'il se liait les mains lui-même par cet engagement imprudent. Quand les Prussiens, qui estimaient la place d'abord dangereuse et de prise difficile, lui firent des offres fort avantageuses s'il leur ouvrait ses portes, le vieil officier leur répondit fièrement qu'il ne se rendrait pas et il eut le grand tort d'ajouter qu'il ne commencerait pas les hostilités.

Les Prussiens mirent à profit cette précieuse confidence en travaillant toute la journée, sans qu'on songeât à les inquiéter. Le soir, le commandant reçut une lettre très flatteuse pour son courage dans laquelle l'inutilité de tenir, quand l'armée française venait de laisser Amiens à ses propres forces, lui était obligeamment démontrée. Le vieux soldat n'ayant tenu aucun compte de ce conseil plein de prudence, un parlementaire vint le lendemain matin faire une dernière sommation et déclara que les Allemands ouvriraient le feu dans un délai d'un quart d'heure. Pour toute réponse, le capitaine Vogel fit immédiatement battre le rappel.

A l'heure dite, la parole du parlementaire était tenue. Une fusillade violente, partant des maisons du faubourg Saint-Pierre qui avoisinent le Jardin des Plantes et l'église, cribla les bastions 1 et 5 et la courtine qui les relie. Confiant dans la parole du brave et loyal commandant qui leur avait fait connaître son intention de ne pas ouvrir le feu le premier, les tirailleurs allemands avaient pu s'établir silencieusement dans le faubourg et créneler les maisons qui avaient vue sur les remparts.

Le capitaine Vogel voulut sur-le-champ faire une ronde pour se rendre compte des effets de cette mitraille et il allait terminer son inspection, quand il remarqua que, malgré ses ordres, on tirait sur la ville, du bastion 5, fort exposé en ce moment. Il en fit l'observation à un sous-officier, le maréchal des logis chef Savary. Le sous-officier répondit à son supérieur que le service des pièces ne serait pas possible si cet ordre était exécuté, parce que, d'un bureau d'octroi situé en face, les Prussiens tiraient sur nos canonniers aussi commodément qu'à la cible. « C'est différent, répliqua le commandant, je vais voir moi-même ».

Il s'était à peine montré que, du point indiqué par le

maréchal des logis chef, une balle vint le frapper au côté droit et l'étendit mort sur la place.

Le commandant Vœrhaye, de l'artillerie mobile, succéda au capitaine Vogel et continua à riposter à la fusillade des Prussiens qui se lassèrent de tirer vers 4 heures.

La situation était très tolérable et le commandant Vœrhaye était bien résolu à tenir, quand il reçut la visite d'un prêtre et d'un médecin de la ville qui lui déclarèrent, au nom d'un certain nombre d'habitants, qu'il fallait parlementer, le commandant de la citadelle étant tué et les artilleurs de la mobile ne pouvant tirer sur leurs propres maisons. Ébranlé par ces considérations, n'osant pas assumer la responsabilité de continuer la lutte ou d'y mettre un terme, M. Vœrhaye assembla un conseil de guerre qui décida de rendre la place aux Allemands.

Dès la pointe du jour, le commandant fit hisser le drapeau blanc et deux officiers prussiens se présentèrent en parlementaires. L'un d'eux entra dans la citadelle et se laissa bander les yeux. Il lui fut demandé que la batterie mobile, dont les servants étaient des enfants d'Amiens d'une extrême jeunesse, fût considérée comme prisonnière sur parole. Le parlementaire prit note de cette demande sans vouloir rien décider sous sa propre responsabilité.

Le général de Grœben avait changé d'avis depuis que le général Schwartz, commandant l'artillerie de son corps d'armée, avait utilisé le temps passé en négociations.

Quand le commandant Vœrhaye fit flotter le drapeau blanc sur son rempart, le général Schwartz avait aligné 66 pièces de campagne de gros calibre toutes prêtes à ouvrir le feu. On eût été très accommodant avec le ca-

Mort du capitaine Vogel.

pitaine Vogel s'il avait baissé son pont-levis sur une première sommation et épargné à l'armée allemande quelques journées de travail et de combat, mais la générosité n'était plus de saison dès que toutes les mesures étaient prises et que le succès semblait certain.

Le général de Grœben se montra donc aussi roide qu'il avait été généreux. Il repoussa la demande faite en faveur de l'artillerie de la garde mobile, imposa les conditions les plus sévères et condescendit à laisser aux officiers leurs armes, chevaux et bagages personnels « pour leur donner un témoignage honorable et en considération de ce que le drapeau parlementaire avait été hissé dans un but d'humanité pour les habitants d'Amiens ».

Le commandant Vœrhaye sentait qu'il était à peu près seul à vouloir la résistance. Des désertions assez nombreuses s'étaient produites, sinon avec la complicité, du moins avec le consentement tacite de quelques sous-officiers. Dans ces conditions, la résistance paraissait dangereuse. M. Vœrhaye céda au sentiment général et rendit la citadelle au commandant du VIIIe corps.

Il faut remarquer à cette occasion avec quelle habileté les Prussiens interprètent les lois de la guerre. Ils les négligent et passent sur toutes les formalités, quand l'intérêt leur commande la promptitude. Ils deviennent au contraire les esclaves des règlements, dès qu'il leur est profitable de gagner du temps. Tandis que le général Zglinitski bombardait La Fère sans pourparlers ni sommation, sachant combien Manteuffel jugeait nécessaire qu'il rejoignît l'armée pour prendre part à la bataille d'Amiens, le commandant du VIIIe corps ne trouvait pas qu'il y eût assez de procédés chevaleresques à sa disposition pour masquer les préparatifs de l'attaque de la citadelle d'Amiens.

Les traits de délicatesse n'abondent pas dans les annales militaires de l'armée allemande; elles offrent par contre la méthode la plus complète, sinon la plus noble, de pratiquer avantageusement la guerre. Ces enseignements payés si cher ne devraient pas être perdus pour nous. Il faut savoir conformer sa conduite à celle de l'adversaire que l'on combat.

L'Armée du Nord, malgré sa tentative de résistance, avait laissé prendre deux places importantes pour la défense : La Fère et Amiens. La perte de La Fère livrait à l'ennemi les lignes de Tergnier, Laon et Soissons; la chute d'Amiens lui ouvrait le chemin de la Normandie.

Manteuffel n'avait pas compté sur une marche aussi rapide. C'est pourquoi il ne pensa pas à poursuivre le général Farre, qui, du reste, était déjà à l'abri de ses atteintes.

La déroute avait donné des ailes aux régiments français disloqués : il eût fallu les chercher derrière le canon des places du Nord.

Ne se souciant nullement d'entamer une guerre de siège, le vainqueur jugea qu'il était urgent de suivre à la lettre les instructions du grand état-major et de marcher rondement sur Rouen. Le général Farre n'était plus à craindre pour quelque temps. Il fallait s'assurer *de visu* de l'importance et de la solidité de l'armée de Normandie, car elle préoccupait le maréchal de Moltke et pouvait devenir fort gênante d'un moment à l'autre.

L'exécution de ce plan qui avait pour but principal de protéger l'armée d'investissement et d'empêcher toute chance d'attaque sur ses derrières sauva l'Armée du Nord et lui permit de se reconstituer dans ses cantonnements.

Bien qu'ayant suivi les instructions du grand quartier général, Manteuffel était loin d'avoir obtenu un résultat décisif. Il était parfaitement exact qu'il avait occupé Amiens et qu'il comptait maintenant s'emparer de Rouen. Mais il était également vrai que, dans une première rencontre, il n'avait pas su achever la défaite d'une armée improvisée, que cette armée avait repassé la Somme devant lui et qu'elle avait réussi à échapper à une destruction certaine, en se retirant derrière les places fortes du Nord, où il était tout au moins difficile d'aller la chercher.

Par conséquent, il fallait que Manteuffel, après avoir poussé une pointe en Normandie, s'attendît, malgré le grand succès obtenu à Villers-Bretonneux, à être rappelé dans le bassin de la Somme pour un nouveau duel beaucoup moins disproportionné.

DEUXIÈME PARTIE

PONT-NOYELLES

I

PLAN DE MANTEUFFEL

Le nouveau commandant de l'Armée du Nord. — Formation de trois divisions. — Élection des officiers de la garde mobile. — Succès de Manteuffel en Normandie. — Rôle du général de Grœben. — Instruction du maréchal de Moltke concernant le Havre. — Départ de Faidherbe de Lille. — Surprise de Ham par le général Lecointe. — Nouvelles instructions de de Moltke à Manteuffel. — Les Français menacent Amiens.

Le 18 novembre, la délégation de Tours avait nommé le général Faidherbe au commandement de l'Armée du Nord.

Le nouveau général en chef appartenait à la race de ces bons soldats qui se sont formés sur la terre d'Afrique; la meilleure part de sa vie s'était passée au Sénégal, sous un climat meurtrier, dans les travaux de l'organisation coloniale et les périls d'une guerre de ruse.

Pauvre, n'ayant à compter que sur son effort et son mérite, soldat et savant, ingénieur et colonisateur, pénétré de l'idée du devoir, de l'amour de la patrie et de celui de la liberté, cet homme, que les ministres de la guerre de Napoléon III n'avaient pas voulu utiliser au début des hostilités franco-allemandes, avait assuré à la France la possession du Sénégal, provoqué le respect et l'admiration autour de lui par son courage autant que ses vertus civiles, et montré à ses successeurs la politique à suivre pour nous assurer une immense richesse commerciale et industrielle en créant des voies ferrées et des routes sûres, en rendant possible la navigation sur les grands cours d'eau de la contrée.

Ses brillants états de service, son dévouement sur un théâtre éloigné, ne lui avaient pas valu alors la renommée qu'il méritait. Le nom de Faidherbe était peu connu de la foule. Il n'était estimé à sa juste valeur que par ceux qui avaient été les témoins de sa vie, les compagnons de ses combats, les collaborateurs de cette campagne de pénétration que les Borgnis-Desbordes, les Archinard, ont poursuivie et qui a mené les colonnes françaises devant les murailles de Tombouctou, la ville sainte.

Faidherbe était mal noté pour ses opinions républicaines et anti-esclavagistes. L'Empire n'avait pas su comprendre que ce soldat plaçait le devoir militaire avant ses plus chères théories.

Au moment de la déclaration de la guerre, le général se trouvait en congé à Lille, sa ville natale, où il essayait de se reposer de ses fatigues et de combattre les incurables maladies qu'il avait contractées sous les climats les plus malsains. Il offrit son concours au gouvernement et eut le chagrin d'être mis à l'écart. Il demandait à être employé sur le Rhin : on le renvoya en Afrique avec le commandement de la subdivision de Batna. Ce fut la plus grande souffrance de cet homme qui avait cependant tant souffert.

Après Metz, il ne fut plus maître de son indignation et la colère l'emporta : « Jurons, s'écria-t-il en terminant une violente proclamation aux officiers et soldats de sa brigade, jurons de nous dévouer au salut de la patrie, de laver les taches de notre drapeau et de refouler par tous les moyens la restauration du régime qui, en vingt ans, est parvenu à démoraliser la France et à la mener à sa ruine.

« Vive la France! Vive le gouvernement républicain de la Défense nationale! »

Il s'était offert à l'Empire. Il offrit également son épée à la délégation du gouvernement de la Défense nationale qui le manda aussitôt à Tours.

Gambetta le reçut avec enthousiasme. Sa tenue froide, son air de souffrance, ses allures de savant, ses lunettes, l'austérité de son visage furent très vivement appréciés. Il évoquait en sa personne l'idée d'un soldat-ingénieur. En lui, s'incarnait l'espoir de la venue d'un de Moltke français. Les généraux de l'Empire avaient si profondément trompé la confiance publique qu'il était tout naturel de prêter les plus grands talents à ceux qui avaient été méconnus et sacrifiés. En voyant ce soldat qui n'avait « rien du militaire de parade », M. Ranc s'écria : « Celui-ci fera son devoir ».

Le choix de Gambetta était doublement heureux. Il plaçait à la tête de l'Armée du Nord un général solide, de persévérance inébranlable : il lui donnait en même temps pour chef un compatriote, un homme connaissant bien les ressources du terrain sur lequel il allait manœuvrer et le caractère des soldats improvisés qu'il allait mener au feu.

Gambetta avait dit au nouveau commandant de l'Armée du Nord : « Vous avez carte blanche; faites pour le mieux, pour la France, pour la République ! » Faidherbe répondit simplement : « Je ferai de mon mieux ». C'est ce qu'il fit et on peut ni plus complètement ni plus brièvement juger son œuvre. Les écrivains militaires et les tacticiens pèseront ses actes, le loueront ici, le blâmeront là, prouveront qu'il commit des fautes qui auraient pu être évitées. Nous autres, nous voulons le suivre, revivre la campagne avec lui, retracer l'histoire de ses combats, l'effort, la résignation, le martyrologe de ses jeunes recrues. Nous nous bornerons à dire que Faidherbe, comme d'Aurelle, comme Chanzy, fit de son mieux, que ces hommes de guerre, de devoir, d'abnégation patriotique, tentèrent tout ce qu'il était humainement possible de tenter et qu'ils furent vaincus autant par les événements et les difficultés matérielles que par la prudence prussienne et les plans mathématiquement tracés par le maréchal de Moltke. Tout ce qui peut être ajouté à ces paroles c'est que le pays eût été sauvé, que le Prussien n'eût jamais pu le réduire à la dernière extrémité, si l'exemple des d'Aurelle, des Chanzy et des Faidherbe avait été suivi sur tous les points de la terre française. Raconter les sanglantes étapes de la campagne de 1870-1871, c'est démontrer cette vérité.

L'ordre du jour en date du 5 décembre par lequel le nouveau général en chef prenait le commandement du 22ᵉ corps révélait nettement l'énergie de son caractère. Il affirmait qu'il exigerait impitoyablement une discipline absolue, qu'il ne supporterait pas les moindres licences en public ; et, par cette phrase qui flattait et prévenait le soldat du même coup : « Je n'ai pas besoin d'ajouter que les cours martiales feraient justice des lâches, car il ne s'en trouvera pas parmi vous », il réclamait de ses jeunes troupes la solidité, la tenue de vieux régiments devant l'ennemi.

A son quartier général, Faidherbe suivit la même méthode que d'Aurelle de Paladines à Salbris.

Pour ces hommes de guerre éprouvés, il valait mieux aller sûrement qu'aller vite. Ils savaient que les Allemands, dont la cavalerie est si alerte, si légère, ne faisaient campagne qu'en s'entourant d'une foule de précautions et avaient l'habitude de ne brusquer aucun mouvement, ni dans les préparatifs du combat, ni à la suite de leurs victoires.

L'œuvre du maréchal de Moltke était comparable à une immense trame savamment et soigneusement tissée. Ses lieutenants, respectueux de son œuvre et de sa pensée, s'inspirant toujours docilement de sa volonté, n'osaient, par des coups imprévus, déranger ses habiles et vastes calculs.

Faidherbe profita donc sagement du répit qui lui était laissé pour reformer son armée et la grossir de tous les éléments disponibles, pendant que les forces principales de la Première Armée allemande piquaient sur Rouen, sans crainte d'être inquiétées par lui.

Le 22e corps comprit bientôt trois divisions. La première (division Lecointe) eut pour brigadiers le colonel Derroja et le lieutenant-colonel Pittié. La deuxième (général Paulze d'Ivoy) se composait de la brigade du colonel du Bessol et de la brigade du lieutenant-colonel de Gislain.

Les divisions Lecointe et Paulze d'Ivoy avaient conservé l'organisation adoptée dès le début. Chaque brigade était formée d'un bataillon de chasseurs, d'un régiment de marche à trois bataillons et d'un régiment de mobiles à trois bataillons également.

La 3e division (amiral Moulac) présentait une formation différente. Sa 1re brigade (capitaine de vaisseau Payen) se composait d'un bataillon de chasseurs, de trois bataillons d'infanterie de marine, d'un régiment de mobiles. Il n'entrait dans la 2e brigade (capitaine de frégate Lagrange) que des mobiles et des mobilisés.

On avait eu beaucoup à se plaindre de la mobile depuis le commencement de la campagne. Elle péchait autant par l'inexpérience de ses hommes que par l'insuffisance de ses officiers. Le commandant en chef se résigna à faire procéder les troupes mobiles à l'élection des officiers, en vertu des ordres donnés par la délégation de Tours; mais cette opération produisit des résultats si déconcertants qu'il fallut, au bout de quelque temps, remplacer un nombre assez considérable de nouveaux élus par des officiers de l'armée active et créer des postes d'adjudants-majors pour d'anciens officiers mobiles que leur fermeté avait fait rejeter par les *baïonnettes intelligentes*, plus désireuses d'avoir des supérieurs complaisants que des supérieurs capables.

Pendant que se poursuivait activement, laborieusement, silencieusement, cette réorganisation de l'Armée du Nord, Manteuffel croyait avoir la plus grande liberté d'action. Il estimait que nos jeunes recrues, qui avaient montré tant de fermeté à Villers-Bretonneux, n'oseraient plus s'exposer hors de l'abri de nos villes fortes de la frontière belge, tandis que Faidherbe, poussant énergiquement le développement de ses trois divisions, suivait avec une profonde attention les progrès de la Première Armée sur le territoire normand.

Notre artillerie comptait déjà sept batteries au lieu de trois, et le commandant supérieur de l'artillerie préparait avec la plus grande célérité l'organisation d'un parc de réserve.

Maître d'Amiens, pensant avoir totalement anéanti l'Armée du Nord, Manteuffel avait pris ses dispositions pour achever d'exécuter les ordres du maréchal de Moltke en occupant Rouen et en dispersant l'armée du général Briand.

Son premier soin avait été de laisser à Amiens le général de Grœben dans le triple but d'occuper cette place, de couvrir l'opération de l'armée allemande et de surveiller les mouvements des Français dans le Nord, si ces derniers osaient s'exposer hors de leurs lignes.

Le général de Grœben avait pour instruction de ne pas se renfermer purement et simplement dans une attitude d'observation. Sa mission se complétait d'une surveillance active de la ligne de La Fère et de la destruction, dans un rayon de deux jours de marche, des lignes de télégraphe ou de fer reliant Amiens à Arras, La Fère et Cambrai. Par ces mesures, il devait empêcher, ou retarder, toutes nos tentatives de concentration à l'abri de la Somme. Enfin, pour éviter les surprises, le général de Grœben devait toujours détacher le plus de monde possible en avant, pour s'éclairer en couvrant Amiens, et de manière à nous ôter le moyen de nous rendre compte des forces dont il disposait (1).

A côté du chef militaire, l'intendant d'armée Sulze avait été nommé préfet intérimaire du département de la Somme et chargé de l'administration civile.

Le général Manteuffel s'était avancé avec un rare bonheur jusqu'à Rouen. Le général Briand se retira très rapidement, sans opposer de résistance, et, le 5 décembre à 4 heures, le commandant du VIIIe corps entrait dans la ville à la tête de deux brigades.

Le 9 décembre, à la suite de ce premier succès, le général en chef de la Première Armée reçut des instructions du grand quartier général de Versailles. Il était invité à menacer le Havre et à l'enlever, si l'entreprise était réali-

(1) Le détachement du général de Grœben comprenait la 3e brigade (colonel Busse remplacé ultérieurement par le général Memerty) formée des régiments d'infanterie n°s 4 et 44, la brigade de cavalerie Mirus (7e et 14e uhlans), 3 batteries du VIIIe corps, 1 batterie d'artillerie de forteresse et 1 compagnie de pionniers.

sable ; mais son principal objectif devait être de poursuivre le général Briand en rase campagne et de lui faire le plus de mal possible afin de pouvoir se retourner contre l'Armée du Nord qui paraissait se réorganiser à Arras et se disposer à sortir bientôt de ses cantonnements.

On voit par la nature de ces instructions que le maréchal de Moltke suivait constamment son idée, qu'il s'appliquait à concentrer toutes les forces indépendantes sur un même objectif, et qu'il cherchait moins les succès militaires et la conquête en province que la sécurité de son armée de Paris. Si cette tactique entraînait la prolongation de la guerre, le maréchal espérait qu'il arrêterait ainsi nos armées de secours et qu'il obtiendrait par l'isolement, la famine, mieux que par tout autre moyen, la capitulation de Paris, but suprême de sa campagne.

Manteuffel, pour remplir le programme que M. de Moltke venait de lui tracer, avait décidé en principe de tenter l'attaque du Havre, tout en prescrivant au général Bentheim de surveiller Rouen avec le Ier corps, et au général de Grœben de se charger d'Amiens avec le VIIIe.

De nouveaux événements vinrent bientôt prouver au général en chef de la Première Armée la justesse du coup d'œil de son généralissime.

Laissant au grand quartier général de Lille le lieutenant-colonel de Villenoisy, le lieutenant-colonel Rittier, le commandant d'artillerie Quillé, pour conti-

Officiers allemands capturés dans un café de Ham.

nuer l'organisation de l'artillerie et du service de la remonte, et pour achever l'instruction des hommes nouvellement incorporés, le général Faidherbe s'apprêtait, par une marche en avant, à contraindre Manteuffel à revenir sur ses pas et à renoncer, momentanément du moins, à toute entreprise sur le Havre.

La division Lecointe (1re division) se porta dans la direction de Saint-Quentin et les postes prussiens se retirèrent devant elle, sur La Fère et Ham. Le général Lecointe arriva à Ham le 9 décembre, à six heures du soir, à la tête d'un bataillon et de deux pièces de canon. Ce détachement entra dans la ville sans donner l'éveil. Il captura des officiers allemands dans les cafés et enleva nombre de soldats dans les rues. La consigne avait été donnée à nos hommes de ne pas tirer. Si cette consigne avait été observée jusqu'au bout, le château aurait été enlevé sans combat.

Plusieurs hommes n'eurent pas le sang-froid nécessaire et tirèrent. Leurs coups de feu donnèrent l'éveil. Quelques Allemands eurent le temps de se jeter dans le château dont la petite garnison leva brusquement le pont-levis et se barricada solidement.

La porte du château de Ham est habilement dissimulée et d'un abord difficile. La construction de l'édifice est massive et solide. Les murs de ses tours mesurent 5 mètres d'épaisseur. Une garnison décidée pouvait y tenir sans péril contre un adversaire dépourvu d'artillerie et donner à des renforts expédiés de La Fère le temps de la dégager.

Les Français qui connaissaient la valeur de la place essayèrent de parlementer avant de tenter l'attaque ; le capitaine Oudard, du 91e de ligne, fut blessé en voulant porter des propositions de capitulation aux Allemands. Ce ne fut qu'à deux heures du matin que ceux-ci se décidèrent à se rendre, grâce à la diplomatie du commandant Aynès. Cet officier supérieur réussit à faire croire à l'un des officiers allemands pris par nous que les défenseurs du château s'exposaient inutilement à périr sous ses ruines, car notre grosse artillerie allait réduire en cendres, le lendemain même, le poste qu'ils s'entêtaient à vouloir garder. L'Allemand très ému des renseignements du commandant Aynès s'empressa de demander l'autorisation d'instruire le commandant du château du danger qui le menaçait. Cette autorisation lui fut accordée avec empressement et ce parlementaire d'un nouveau genre rentra bientôt dans le camp français, ayant si bien plaidé notre cause que son camarade se constituait notre prisonnier avec toute la troupe qu'il commandait. Nous avions enlevé à Ham deux cents soldats et douze officiers ou ingénieurs.

Dans la nuit du 11 au 12, le major Mackeldey, qui campait à La Fère, fut informé de la prise de Ham. Il envoya immédiatement sur la voie ferrée une compagnie en reconnaissance. Cette compagnie se heurta à une avant-garde française et se replia après avoir échangé une assez vive fusillade dans l'obscurité.

A la suite de ce combat d'éclaireurs, Faidherbe renonça à surprendre La Fère puisque l'éveil y était donné. On savait, en outre, par les renseignements recueillis, que le major Mackeldey attendait des renforts de Reims.

Le commandant en chef, en présence de cette situation, se décida à se rabattre vivement sur les derrières d'Amiens, mais en ayant soin de détacher des partisans dans les directions de Roye et Chauny, pour enlever des convois ou des détachements ennemis et, surtout, pour donner le change aux reconnaissances que le général de Grœben, justement inquiet, lançait dans toutes les directions sur le territoire dont Manteuffel lui avait confié la surveillance.

Prévenu de l'entrée de Faidherbe en campagne, le maréchal de Moltke rappelait aussitôt le commandant de la Première Armée au thème qu'il devait suivre, au principe qu'il ne devait jamais perdre de vue.

« On ne se propose pas, quant à présent, lui télégraphait-il, d'occuper d'une manière permanente tout le nord est de la France; il importe, au contraire, bien plutôt de disperser les rassemblements ennemis en rase campagne, et, particulièrement, de s'opposer aux tentatives qui pourraien être faites en vue de débloquer Paris ou de gêner nos communications; S. M. le Roi décide donc que le gros des forces de la Première Armée sera dirigé sur Beauvais. Il faudra cependant laisser à Rouen des troupes en nombre suffisant pour surveiller la rive gauche de la Seine au moyen de détachements mixtes. En concentrant ses forces à Beauvais, la Première Armée se trouvera ainsi à même de soutenir en temps utile Rouen ou Amiens, et de prendre efficacement l'offensive contre les corps ennemis qui viendraient à sortir du cordon de forteresses de la frontière belge ».

Le général Manteuffel recevait à ce moment des nouvelles fort déconcertantes. Les renseignements reçus du général de Grœben lui avaient fait supposer tout d'abord que les Français s'engageaient dans la direction de Paris par la voie Bapaume-Péronne et Cambrai-Saint-Quentin. Il avait déjà pris ses dispositions pour manœuvrer sur cette donnée, quand il apprit, dans la journée du 15 décembre, que l'armée française, forte de 36,000 hommes, marchait décidément sur Amiens et Abbeville. Les renseignements les plus contradictoires affluèrent au quartier général dans ces deux journées du 15 et du 16. Enfin, dans la soirée du 16, le préfet allemand d'Amiens vint annoncer que le général de Grœben avait évacué la ville, se repliant sur Montdidier, ne laissant sous la citadelle qu'un demi-bataillon d'infanterie et des artilleurs.

Manteuffel, très contrarié de la résolution prise par son lieutenant, lui envoya immédiatement l'ordre de réoccuper la ville et quitta Rouen le 17 décembre, télégraphiant au grand quartier général que les dernières nouvelles de l'Armée du Nord le déterminaient à s'établir sur la ligne Breteuil-Montdidier plutôt qu'à Beauvais, pour être mieux à portée d'Amiens, qui lui semblait devoir être menacé.

II

AFFAIRE DE QUERRIEUX

Positions prises par l'Armée du Nord. — Dispositions de Manteuffel. — Reconnaissance du colonel de Bock. — Combat d'avant-garde à Querrieux.

Le 18 décembre, le général Mirus exécuta l'ordre de réoccuper Amiens que Manteuffel lui avait expédié de Rouen. Il rentra dans la ville à la tête de cinq bataillons, quatre escadrons et deux batteries.

La population, qui avait été menacée d'un bombardement de la dernière violence par le gouverneur de la citadelle, n'avait pas osé manifester sa joie et ses espérances pendant qu'elle avait été libérée de ses garnisaires. Le comte Wartensleben constate qu'elle respecta les hôpitaux allemands et l'en félicite. Hélas! cette population eût expié chèrement un attentat sans excuse contre des blessés et des malades, si elle se fût abaissée à de telles violences; mais il faut bien le redire une fois de plus : ce ne sont pas les vaincus qui ont enlevé les ambulances, bombardé les hôpitaux, capturé les infirmiers et les chirurgiens, pendant tout le cours de cette effroyable guerre.

Nous n'avions pas besoin de menaces ou d'intimidations pour connaître les devoirs d'un peuple civilisé, tandis que les Allemands usaient si brutalement des droits de la force et de la victoire, et nous n'eûmes pas à nous reprocher des actes de barbarie semblables à ceux du vainqueur.

Le général Faidherbe possédait des renseignements assez précis sur les projets de Manteuffel. Il savait que la Première Armée s'inquiétait de la position d'Amiens et que son chef concentrait des troupes nombreuses dans la région de Montdidier et Breteuil.

Voulant arrêter les Allemands dans leur marche vers la mer, donner au général Briand le moyen de reformer l'Armée de Normandie, tout en forçant le maréchal de Moltke à veiller de Versailles sur ses manœuvres, Faidherbe, ne pouvant exposer Amiens aux horreurs d'une bataille, prit le partit de menacer la ville en se cantonnant dans une bonne position défensive et en attirant à lui tous les renforts que la région du Nord pouvait encore lui fournir.

« L'armée française, écrit-il, dans son ouvrage *La*

Attaque de la colonne du major de Bock à Querrieux.

Campagne de l'Armée du Nord, s'établit sur la rive droite de la Somme, présentant une série de hauteurs dominantes par rapport à la rive gauche. On était ainsi parfaitement couvert vers le sud par la rivière et le canal avec de vastes marécages, très difficiles à traverser. Tous les ponts avaient été coupés. On adopta pour ligne de bataille, faisant face à la citadelle, seul point de passage laissé à l'ennemi, la vallée de l'Hallue où se trouvaient les villages de Daours, Bussy, Querrieux, Pont-Noyelles, Bavelincourt, Béhencourt, Vadencourt et Contay. La majeure partie des troupes y furent cantonnées; le surplus occupait, le long du chemin de fer, la ville de Corbie, où s'établit le quartier général, et les villages environnants ».

Tous les corps étaient complétés. L'artillerie comptait 78 pièces, dont 12 de montagne. Une quatrième division (général Robin) composée de mobilisés venait encore de renforcer le 22e corps.

Sur la proposition soumise au Gouvernement par Faidherbe, le commandement avait été organisé de la façon suivante :

ARMÉE DU NORD.

Commandant en chef : général FAIDHERBE :
Major-général : général de division FARRE.
Adjoint au major-général : colonel de VILLENOISY.

1er CORPS (N° 22).

Général de division LECOINTE.
1er *Division :* général de brigade DERROJA.
2e — — DU BESSOL.

2ᵉ CORPS (Nº 23).

Général de division PAULZE D'IVOY.

1ʳᵉ *Division :* Amiral Moulac (remplacé par le capitaine de vaisseau Payen).

2ᵉ *Division :* général ROBIN.

Manteuffel manœuvrait dans le même esprit que son adversaire. Il prenait ses mesures pour attirer à lui toutes les forces disponibles, inquiet de la vitalité surprenante de cette Armée du Nord qu'il avait cru briser à Villers-Bretonneux et qu'il retrouvait devant lui, plus forte, plus nombreuse, sur ce même terrain où elle s'était si honorablement conduite. La crainte d'un échec ou d'une bataille indécise le poussait donc à prendre toutes les précautions nécessaires pour être en mesure d'en finir d'un coup avec cet ennemi qui reparaissait plus menaçant, plus dangereux, après avoir été battu.

Cependant, si le désir de Manteuffel était de vaincre, la situation ne lui permettait pas d'attendre indéfiniment. Il ne voulait pas perdre le fruit de la pointe qu'il avait poussée en Normandie ni compromettre l'occupation de Rouen. Il redoutait surtout d'ébranler la confiance de ses hommes en laissant l'Armée du Nord camper paisiblement sous les yeux d'une armée allemande à quelques kilomètres d'Amiens.

En se rendant de Marseille à Breteuil, le général Manteuffel eut, le 19 décembre, une entrevue avec le général de Grœben, commandant le VIIIe corps. Après avoir conféré avec cet officier, il lui fit porter une brigade de renfort à Amiens et rapprocher ses cantonnements de la Somme.

Pour obéir à ces indications, le VIIIe corps prit les emplacements suivants : la 16e division (général Barnekow) avec sa 32e brigade à Amiens et sa 31e à Sains et à Boves ; la 15e division (général Kummer) sur la Luce, une brigade à Demuin, l'autre à Rozières. L'artillerie se rendait à Ailly. La 3e division de cavalerie, reconstituée sous les ordres du général de Grœben, occupait Chaulnes et Lihons.

Les quartiers généraux du commandant d'armée et du commandant de corps furent transportés à Amiens où, par ordre royal, le général Ruville venait d'être désigné comme gouverneur et le comte Lehndorf-Steinort comme préfet.

Pendant que le VIIIe corps prenait ces dispositions, le major de Bock, à la tête d'un bataillon du régiment n° 44, de deux canons et d'une escorte de cavalerie, avait reçu l'ordre du général Mirus de reconnaître la grande route d'Albert.

Le major fut attaqué avec sa petite colonne dans les bois d'Allonville, en avant du village de Querrieux. Il força les tirailleurs du 18e chasseurs et du bataillon du 33e de marche à rétrograder jusqu'à un moulin qui domine Querrieux, d'où il les délogea à coups de canon. Mais le général du Bessol suivait de Bussy l'attaque du major. Voyant que la co-

Calèche d'un intendant allemand prise à Querrieux par les mobiles.

lonne allemande n'était

pas appuyée, il la faisait charger de flanc par une compagnie du 69e de marche et deux compagnies de mobiles du Gard qui faillirent lui enlever son artillerie. Malheureusement, les soldats du 33e de marche tirèrent par méprise sur les mobiles du Gard et ce moment de confusion permit aux Allemands de dégager leurs deux pièces et de se retirer. A la suite de ce léger succès d'avant-garde, nos hommes ramenèrent sept prisonniers non blessés et une calèche appartenant à un intendant.

Nos jeunes soldats, qui s'étaient fort bien comportés pendant ce petit combat, rentrèrent dans leurs cantonnements, fort heureux de l'avantage qu'ils venaient d'obtenir.

III

BATAILLE DE PONT-NOYELLES

Nos positions le matin de la bataille. — Ordre d'armée de Manteuffel. — Prise de Pont-Noyelles par la brigade de Bock. — Belle attitude de la brigade Pittié. — Effort suprême de l'armée française.

Les reconnaissances du 21 décembre ayant confirmé la concentration de l'armée française au nord de la Somme, l'armée allemande tout entière se massa le lendemain à Amiens et sur la rive gauche de la rivière.

Le commandant en chef avait rappelé par chemin de fer six bataillons de Rouen. Les deux premiers arrivèrent le 22; les quatre derniers ne débarquèrent que dans les journées du 23 et du 24. Une brigade de cavalerie de la garde, nouvellement constituée sous les ordres du prince Albert fils, avait été appelée également à Amiens, et le général Senden annonçait de Montcornet qu'il arriverait à Saint-Quentin le 24. D'autre part, le général comte Lippe, à Beauvais depuis le 21, recevait l'ordre de marcher sur Ham.

Ces dispositions montraient que Manteuffel s'attendait à une action des plus chaudes : il l'engagea dans la matinée du 23 par un temps très froid, mais très clair.

Les Français occupaient une ligne courbe, de 12 à 13 kilomètres, depuis Daours jusqu'à Contay, sur des hauteurs où leur artillerie était admirablement placée.

L'ordre d'armée du général Manteuffel comportait ces indications principales :

1° Le VIIIe corps d'armée et la 3e division de cavalerie se mettront en marche à 8 heures. Des ponts seront jetés en amont et en aval d'Amiens pour le passage des troupes.

2° La réserve comprendra 5 bataillons de la 3e brigade, le régiment n° 3, le régiment de uhlans n° 5 et deux batteries. Le régiment n° 3, un escadron et une batterie se trouveront à 10 heures à la Motte-Brebière, à mi-chemin d'Amiens et du confluent de la Somme et de l'Hallue. Le général Mirus, avec le reste des troupes de réserve, sortira d'Amiens à 11 heures et se portera sur la route de Querrieux, à la ferme des Alençons, au sud du bois d'Allonville.

La garnison de la citadelle, le bataillon du service des

Massacre des Allemands dans les caves et les maisons de Pont-Noyelles. (Page 136.)

étapes, les bagages et les éclopés devaient seuls rester à Amiens. Cet ordre s'appliquait également à l'infanterie attendue de Rouen.

Dès 8 heures, la 15e division (général Kummer) traversa la Somme sur des ponts jetés à Camon, tandis que le général Barnekow, à la tête de la 16e division, passant la rivière à Amiens même, filait par la route de Rainneville et de Pierregot pour nous combattre sur le flanc droit. Les cuirassiers et les uhlans de la brigade Dohna reliaient les divisions 15 et 16.

La division Kummer s'avançant sur la route d'Albert se trouva nécessairement engagée la première. Les avant-postes français se retirèrent devant les colonnes allemandes. Querrieux, d'où le major Bock avait été chassé dans la journée du 20, ne leur fut pas disputé. Faidherbe avait appuyé sa première ligne sur la ligne et les villages de l'Hallue, mais il comptait principalement tirer parti des hauteurs qui dominent la vallée pour prolonger sa résistance.

La 15e division qui marchait par la route d'Albert et sur la droite de cette route avait, en sortant de Querrieux, le village de Pont-Noyelles en face d'elle, et, sur sa droite, les villages de Bussy et de Daours. La division du Bessol se trouvait seule alors sur le terrain de la bataille, la division Moulac n'ayant pu occuper encore ses positions de combat. L'absence momentanée de l'amiral Moulac obligea la division du Bessol à étendre son front plus qu'il n'aurait convenu. La brigade Bock, après une lutte vivement soutenue, profita de cet avantage et resta maîtresse de Pont-Noyelles. Le colonel Witzendorff, chef d'état-major du VIIIe corps d'armée, porta cette nouvelle à Manteuffel qui se tenait à la ferme des Alençons, et le pria en même temps de faire soutenir à sa droite l'attaque sur Daours dirigée par le colonel Loë. Le général en chef envoya sur ce point le major Lewinski avec les troupes de réserve laissées en observation à Lamotte. Le major arriva avec ce renfort vers 3 heures.

Les marins de l'amiral Moulac tenaient encore dans Daours, mais les canons du major Lewinski forcèrent notre artillerie très maltraitée à reculer en laissant sur la place beaucoup d'hommes et de chevaux. L'infanterie du colonel Loë, ranimée par un secours si efficace, reprit la lutte avec une nouvelle ardeur et s'empara finalement du village en l'occupant maison par maison. Tous les villages à notre gauche et au centre nous étaient enlevés, mais la bataille n'en demeurait pas moins indécise. Daours occupé, les Allemands, pour menacer Corbie, devaient percer notre seconde ligne. Le major Lewinski risqua cette attaque à la tête de deux de ses bataillons d'infanterie qu'il avait prudemment tenus en réserve. Mais le feu de nos tirailleurs et la force de nos positions le forcèrent à reculer et à revenir s'abriter dans les maisons de Daours.

Au nord de Pont-Noyelles s'élevait une hauteur couronnée d'un bois, offrant l'aspect d'un bastion. Le général du Bessol avait armé de canons cette position si redoutable.

Les Allemands, après avoir occupé Pont-Noyelles, n'osèrent se briser sur ce formidable ouvrage. Le général Kummer résolut alors de tenter de le prendre par son flanc droit, ce qui lui aurait permis de s'allonger au nord dans la direction de la division Barnekow.

Ce dessein une fois formé, le général Kummer fit avancer la brigade Strubberg sur Fréchencourt qu'elle occupa; mais il reconnut aussitôt que l'attaque de la hauteur, garnie d'artillerie et d'épaulements, n'était pas plus réalisable du côté de Fréchencourt que de celui de Pont-Noyelles.

Vers 3 heures et demie, les Prussiens s'élancèrent en avant de Pont-Noyelles sur les pentes que nous défendions pour frapper un coup décisif sur notre centre. Le 33e de ligne et la compagnie du capitaine d'Hauterive se précipitèrent à la baïonnette sur les Prussiens et les ramenèrent sur Pont-Noyelles où notre artillerie les canonna violemment.

A ce moment, sur notre gauche et au centre, voici comment se résumait la première phase de la bataille. A gauche, l'ennemi occupait Daours sans être assez fort pour en sortir. Au centre, il avait enlevé Pont-Noyelles et s'était brisé sur notre seconde ligne. Si rien n'était compromis pour nous, les Allemands n'en avaient pas moins occupé trop facilement les villages dont Faidherbe n'avait pas estimé suffisamment la possession.

Sur notre droite, nos opérations avaient été beaucoup plus heureuses. Le général Derroja avait fait complètement échouer, de ce côté, le plan de bataille de Manteuffel. En effet, le général Barnekow, allant de Rainneville sur Beaucourt, s'était emparé de ce village ainsi que de Montigny et de Béhencourt, mais il n'avait pu même songer à attaquer les hauteurs fortifiées qui prolongeaient notre seconde ligne jusqu'à l'extrémité de notre aile. Non seulement, le mouvement tournant de la 16e division prussienne n'avait pu aboutir, mais la brigade Pittié, débordant la gauche du général Barnekow, menaça soudainement de la tourner par Contay et la route d'Arras.

A 4 heures, Manteuffel ne comptait plus sur une victoire, bien que ses troupes se fussent bravement battues et nous barrassent les routes menant à Amiens. Sachant du reste qu'il lui parviendrait d'importants renforts dans la journée du lendemain, il n'avait pas de raisons pressantes pour chercher à gagner du terrain.

Les Français, qui n'avaient pas les mêmes motifs de

Le 33e de ligne et le capitaine d'Hauterive chargent les Prussiens à la baïonnette.

suspendre la lutte, n'avaient pas abandonné la partie. Du sommet des hauteurs, notre artillerie tonnait sur les malheureux villages que nous avions perdus et y mettait le feu. L'incendie éclairait le front de bataille de l'armée allemande et permettait à nos pointeurs de tirer juste.

Bientôt les clairons sonnèrent et les tambours battirent la charge. Notre jeune armée reprit l'offensive. Faidherbe, avec l'insouciance d'un sous-lieutenant, parcourait à cheval son front de bataille. Les hommes poussaient des cris terribles. Leurs généraux, payant intrépidement de leur personne, les conduisaient à l'ennemi.

A droite, Derroja, après un combat très vif, occupait Bavelincourt et Béhencourt. Au centre, du Bessol livrait dans Pont-Noyelles un combat sans merci, à l'arme blanche. Les Allemands se firent massacrer dans les maisons et les caves. Enfin, ils se retirèrent en désordre sur Querrieux. Malgré la nuit, malgré les ordres de leurs chefs, nos mobiles exaspérés par la lutte et perdant tout sang-froid s'élancèrent à la poursuite de l'ennemi sur la dangereuse chaussée de Querrieux qui se déroule entre les marais. Des murailles crénelées, des maisons, de tous les abris qui s'offraient à eux, les soldats prussiens ouvrirent un feu terrible sur ceux qui les poursuivaient et jonchèrent le sol de morts et de blessés. Surpris de cette résistance qu'ils auraient dû prévoir, effarés par cette fusillade contre laquelle ils ne pouvaient se couvrir, les mobiles se débandèrent entraînant tout dans un sauve-qui-peut général; des fuyards se sauvèrent jusqu'à La Houssaye.

A l'aspect de cette déroute, les Prussiens, avec une très grande présence d'esprit, reprirent immédiatement l'offensive. Tandis que leurs tirailleurs sillonnaient la vallée, leurs colonnes d'attaque se reformaient dans Pont-Noyelles.

Dans ce nouveau péril, le général du Bessol fit mettre la baïonnette au canon aux hommes d'un bataillon du 69e de marche qui constituait sa suprême réserve. En même temps, il fit battre la charge par les clairons et les tambours et commanda « En avant, marche ! » Il avança au son des tambours et des trompettes, à travers la nuit, sur le champ de bataille; et, de tous côtés, les hommes entendant la charge accoururent se joindre à sa troupe. Une batterie de douze servie par des marins fut appelée par le général et canonna le village. Les Prussiens reculèrent encore une fois devant nous, mais nous nous contentâmes de nous arrêter aux premières maisons du pays.

A partir de ce moment, on n'entendit plus sur ce point de la bataille que les derniers coups tirés sur Pont-Noyelles par nos pièces de marine.

L'amiral Moulac avait, à l'extrême gauche, repris également l'offensive et tenté de débusquer l'ennemi de Daours. Le 19e chasseurs parvint jusqu'à l'église. Mal soutenu, il dut se retirer devant la défense énergique du colonel Loë et du major Lewinski.

A sept heures du soir, la bataille de Pont-Noyelles était finie.

IV

NUIT DE LA BATAILLE

La vallée de l'Hallue. — Un bivouac par 12 degrés de froid. — Pas de souliers. Pas de couvertures. Pas de vivres. Pas de feu! — Conduite des généraux du Bessol et Derroja. — Un rayon de soleil. — Résultats de la journée.

Dans le moment qui suivit la bataille, la vallée de l'Hallue redevenue muette offrait un spectacle de désolation et d'horreur. Les derniers incendies s'éteignaient lentement. Les blessés poussaient des cris d'appel, proféraient des plaintes déchirantes, tandis que les chevaux estropiés et sanglants hennissaient de douleur. Le froid sévissait plus cruel sous l'âpre morsure de la bise. Il fallait cependant demeurer là encore, sur ces hauteurs d'où l'ennemi n'avait pu nous déloger.

Les témoins de cette nuit terrible en ont consigné les détails. Sur presque tous les points, nos jeunes soldats manquèrent de bois pour allumer les feux. Ils ne reçurent ni viande pour se soutenir, ni café, ni eau-de-vie pour se réchauffer. On n'avait que la terre glacée pour s'étendre. Tentes et couvertures faisaient absolument défaut. Plusieurs régiments de mobiles n'avaient pas reçu de capotes. Les fournitures de souliers avaient été si défectueuses que bien des hommes portaient des chaussures qui n'avaient plus de semelles.

Dès le soir, le thermomètre avait marqué de 7 à 8 degrés au-dessous de zéro. « Nous sommes sans bois pour faire du feu, écrit le mobile du 3e bataillon de la Marne, sans eau pour boire, et avec du pain ou du biscuit gelés pour tout aliment.

« De petites corvées envoyées au village de La Houssaye rapportent avec les voitures de vivres des fagots et des bottes de pavots; on nous autorise à faire des feux autour desquels nous nous blotissons de notre mieux. Il est onze heures du soir alors.

« La terre se détrempe vite autour des brasiers, nos pieds sont dans la boue, nos figures, nos jambes et nos poitrines rôtissent, tandis que nos dos sont gelés.

« Cette nuit a été certainement pour nous la plus atroce de notre vie de soldats : devant nos yeux, Querrieux et Pont-Noyelles en flammes, au loin, sur notre gauche, la lueur des incendies d'autres villages — le passage des brancards transportant des blessés dont le froid et la fièvre devaient avoir si vite raison — le souvenir de la journée, la mort que tous nous avions vue de si près, la perte pour plusieurs d'entre nous d'un ami dont on avait encore dans les oreilles les cris et les plaintes ».

Telles furent les souffrances de ces malheureux jeunes gens, réduits à griller leur pain ou leur biscuit au bout du fer des baïonnettes, et n'ayant ni eau à boire, ni quelques gouttes de vin ou d'eau-de-vie dans les bidons vides pour se redonner un peu de force.

Pendant que nos troupes enduraient de telles privations, partagées par les généraux du Bessol et Derroja qui bivouaquèrent avec elles, les Prussiens profitaient de l'occupation des villages qu'ils nous avaient enlevés pour s'abriter pendant la nuit. La masure la plus délabrée et une mince litière de paille offrent un gîte incomparable au soldat qui s'est battu tout le jour. C'était là un avantage précieux pour la journée du lendemain. Tandis que nos troupes avaient été exposées à de nouvelles fatigues et de nouvelles épreuves pendant cette nuit où le froid était tombé à 12 degrés, les combattants allemands avaient pu réparer leurs forces.

Napoléon qui a gagné tant de batailles avec les jambes de ses soldats, pour parler le langage d'un grognard de sa garde, n'imposait à ses régiments les marches forcées, les veillées d'hiver au bivouac et les surcroîts de fatigue que lorsque les circonstances le commandaient impérieusement.

On ne se rend pas assez compte du prix de la bonne organi-

Rayons de soleil au bivouac.

sation des services auxiliaires en campagne. Il suffit de consigner ici que le manque de munitions hâta la prise de Villers-Bretonneux et que le général Faidherbe, à Pont-Noyelles, eût défendu plus énergiquement les villages de la ligne de l'Hallue, dont il voulut trop tard réparer la perte, s'il se fût préoccupé à temps du coucher de ses troupes. Par cette négligence, il les avait placées dans une véritable infériorité physique pour supporter l'effort d'une nouvelle bataille.

Le matin du 24, le soleil fut clément pour nos malheureux jeunes gens. Ses chauds rayons leur firent oublier un instant les solides souliers, les épaisses couvertures, les bonnes capotes qu'ils attendaient toujours. Il rendit la belle humeur et la souplesse des membres à ces recrues qui se réveillaient après avoir couché, pour la première fois de la guerre, sur les positions occupées pendant la bataille.

C'était en somme le seul résultat immédiat — résultat tout moral — de cette rude journée qui nous coûta plus de mille hommes tués ou mis hors de combat, sans compter les prisonniers ou les disparus (1).

Les deux généraux en chef s'attribuèrent chacun la

(1) L'ennemi avouait une perte de 84 tués, dont 4 officiers, et 778 blessés, dont 34 officiers.

victoire. L'exposé pur et simple des faits montre évidemment qu'il n'y eut cependant de victoire ni dans un camp ni dans l'autre. Il faut néanmoins reconnaître que, tout compte fait, la journée eut des conséquences plus avantageuses pour les Allemands que pour nous. Notre jeune Armée du Nord n'avait pu donner dans cette étroite vallée de l'Hallue qu'une preuve éclatante de sa bravoure et de son ardeur. On peut donc simplement dire, pour se consoler, que, si nous ne recueillîmes pas les profits de la journée, nous en eûmes certainement la gloire.

En effet, malgré tous ses efforts, Manteuffel n'avait pu réussir à nous entamer. Son mouvement à sa droite, par Daours sur Corbie, avait échoué devant la belle défense de l'amiral Moulac, de même que, sur la gauche, le mouvement tournant de la division Barnekow, par Rainneville et Beaucourt s'était brisé sur la division Derroja et avait été même dangereusement compromis, à Contay, par la brigade Pittié.

Obligé par Faidherbe à quitter la Normandie avec presque toutes ses forces pour couvrir en toute hâte Amiens menacé, le chef de la Première Armée avait arrêté son adversaire, mais il ne l'avait pas défait.

Dans les positions que les deux armées occupaient, et en raison de leurs forces respectives, il est présumable que la seconde journée eût été mauvaise pour les Allemands si les troupes françaises avaient été mieux organisées et plus disciplinées.

Après cette affaire indécise et stérile, Faidherbe, plus heureux que d'Aurelle, ne perdit rien de son prestige auprès de la Délégation de Tours.

Ces deux chefs avaient fait cependant, l'un comme l'autre, ce que la situation commandait. Ils avaient marché bravement contre des troupes expérimentées et victorieuses; mais, toutes les fois qu'ils avaient été assez heureux et assez habiles pour leur tenir tête, l'épuisement des hommes, la pénurie des munitions et des subsistances les contraignit à la retraite. Quand nous ne fûmes pas vaincus par les Prussiens, nous le fûmes par notre organisation défectueuse, par le vice originel de la conception de la défense.

On eut tort de reprocher aux généraux leur inaction apparente et leur timidité. A quoi leur servait, en effet, la hâte? A Coulmiers, l'ennemi avait fui devant nous et il nous fut impossible de le poursuivre. A Pont-Noyelles, nous avions résisté victorieusement; et, après avoir couché sur ses positions, le général en chef avait dû reconnaître l'impossibilité de livrer deux batailles en quarante-huit heures.

Ces sanglants combats avaient uniquement prouvé jusqu'à présent que nous avions encore quelques généraux capables et que le patriotisme était demeuré vivace en France. Malheureusement, ils n'avaient pu arrêter — même de quelques heures — les progrès de la conquête sur notre sol arrosé de sang.

V

EN RETRAITE SUR ARRAS

L'Armée du Nord bat en retraite. — Mollesse de la poursuite des Allemands. — Esprit des troupes françaises. — Projets de Manteuffel. — Le siège de Péronne est décidé.

A huit heures du matin, l'Armée du Nord était sur pied. Si elle n'avait eu que du pain gelé pour toute subsistance dans la rude nuit qu'elle venait de passer, elle ne manquait pas de munitions. Les cartouches de l'infanterie avaient été complétées. Les caissons de l'artillerie étaient pleins.

Manteuffel et le général Kummer étaient rentrés coucher à Amiens dans la soirée de la bataille. Dès neuf heures, le général prussien revenait sur le terrain et en étudiait tous les replis d'une hauteur voisine du village de Querrieux. Il constata par cette inspection que nous avions conservé nos emplacements et que notre artillerie demeurait dans ses lignes. Quelques fusillades et quelques boulets furent échangés sans résultats appréciables.

Dans l'après-midi, la brigade de cavalerie Prince-Albert arriva sur le champ de bataille, et, vers quatre heures, le commandant en chef de la Première Armée, après avoir reçu une foule de renseignements contradictoires, apprit définitivement que nous battions en retraite.

Il avait pris en réalité fort peu de peine pour discerner les mouvements de l'Armée du Nord, et, quand il les connut parfaitement, il ne s'empressa pas d'en tirer parti, ce qui prouve qu'il ne souhaitait guère une nouvelle rencontre.

Ce ne fut que le lendemain que Manteuffel se décida à donner des ordres précis pour inquiéter notre retraite, alors que nous avions pris assez d'avance sur lui pour ne plus redouter ses atteintes.

Faidherbe ramenait ses troupes sur Arras avec l'intentention de se mettre à l'abri du cours de la Scarpe. Les avant-gardes allemandes ne tentèrent rien de sérieux pour contrarier ou précipiter ce mouvement. Elles se bornèrent à ramasser un certain nombre de traînards et une quantité plus considérable de fusils jetés tout le long des chemins. Si nous avions eu quelques escadrons de gendarmerie disponibles pour protéger nos queues de colonnes et imposer un peu de discipline et d'ordre aux mobiles débandés, on aurait facilement enlevé à l'ennemi le bénéfice de ces captures et de ce butin.

Dans toutes nos armées, l'emploi des régiments de garde mobile amena des résultats identiques. Si inexpérimentée que fût la troupe régulière, elle avait plus de solidité et entendait mieux l'importance de sa tâche et l'étendue de ses devoirs. Le mérite de cette solidité devait être sans doute attribué à la supériorité des cadres, si incomplets et si disparates qu'ils pûssent être. Mais, en vérité, l'organisation de la mobile était tellement rudimentaire que les hommes qui en firent partie méritent plutôt des éloges pour leurs efforts que des blâmes pour leurs imperfections et leurs fautes. Le plus grave défaut de cette troupe était de se montrer facilement sujette à des paniques trop fréquentes. Elle se dispersait imprudemment et follement dans les moments de danger ou de reculade; mais les hommes rejoignaient assez fidèlement leurs corps respectifs, prêts à subir de nouvelles fatigues, à tenter une nouvelle épreuve.

En approchant d'Arras, on pouvait se rendre compte de la différence qui existait entre l'armée régulière et cette milice levée en masse. Les troupiers qui gardaient la conscience d'avoir bien rempli leur devoir à cette rude journée de Pont-Noyelles voulaient rentrer en ville avec l'ordre d'une armée qui s'est bravement comportée. Les fantassins nettoyaient scrupuleusement leurs vêtements d'uniforme et fourbissaient leurs armes. Les artilleurs astiquaient leurs pièces comme pour une revue. La tenue des mobiles était infiniment moins bonne et le contraste apparaissait trop violent pour qu'on pût les faire entrer en ville à la suite des bataillons de chasseurs, des fusiliers de marine et de nos braves petits soldats des régiments de marche, si heureusement, si rapidement improvisés. La population fut surprise de l'attitude martiale et confiante de ces jeunes gens, lorsqu'ils défilèrent devant elle. Ce résultat montrait que l'Armée du Nord avait trouvé un chef digne de son patriotisme et de sa bonne volonté et qu'elle avait donné, dans cette première bataille, tout ce qu'on pouvait humainement espérer d'elle.

Manteuffel était fort indécis. Il semblait redouter l'avenir et se mettre en garde contre quelque entreprise dangereuse et inconnue plutôt que chercher à accabler Faidherbe et à le forcer dans ses nouvelles positions. Il craignait toujours pour Rouen. Il ne se sentait pas en sûreté à Amiens tant que Péronne nous restait. Interprétant dans leur sens le plus étroit les instructions du grand quartier général, il inclinait plutôt à reprendre une attitude défensive pour couvrir l'armée de Versailles ;

et il se préparait à se reporter en arrière et à se fixer à Beauvais, jugeant qu'il devenait hasardeux de courir les chances de la guerre.

Il prit donc ses dispositions pour faire tomber la place de Péronne en l'assiégeant avec des forces importantes, tout en faisant observer sévèrement l'Armée du Nord, car il fallait s'attendre à ce que Faidherbe mît en œuvre toutes ses ressources pour empêcher de tomber la place qui était devenue pour nous la clef de la rive gauche de la Somme.

Mais le général Manteuffel, qui avait exposé son plan au maréchal de Moltke, avait traduit trop timidement la pensée du généralissime des armées allemandes. Celui-ci entendait absolument que la Première Armée conservât simultanément la ligne de la Seine et celle de la Somme et le manda à son lieutenant.

Au reçu de cet ordre, le général en chef disposa son armée en deux corps : le premier sous les ordres du général de Grœben comprenant le VIIIe corps, la division Senden, la 3e division de cavalerie et la brigade de cavalerie de la garde Prince-Albert ; le second commandé par le général Bentheim et formé du 1er corps renforcé d'une brigade de dragons de la garde.

Grœben aurait pour mission d'observer l'Armée du Nord tandis que Bentheim garderait Rouen et surveillerait la ligne de la Seine.

VI

SIÈGE DE PÉRONNE

Conditions avantageuses d'une opération contre Péronne. — Audace de la cavalerie allemande. — Le général Senden est chargé de diriger le siège de Péronne. — Première tentative de bombardement. — Espérances causées aux habitants de Péronne par l'interruption du bombardement. — Le canon de Faidherbe.

Dans sa brochure *La Campagne de l'Armée du Nord,* le général Faidherbe explique que son mouvement sur Amiens avait sauvé Le Havre, qu'il avait tenté le possible à ce moment et qu'après cet effort il n'avait pu que replier ses troupes dans des cantonnements sûrs où elles jouiraient quelques jours d'un repos bien gagné. C'est pourquoi il les avait conduites derrière la Scarpe, sa droite appuyée sur Arras, sa gauche sur Douai.

Si la nécessité de ce repos était absolue, c'est une preuve de la supériorité des vues de nos généraux sur celles du gouvernement de la Défense. Toute opération d'ensemble était inutile ou dangereuse, et, comme il apparaissait qu'on ne pouvait battre utilement l'ennemi, mieux valait ne pas lui livrer de grandes batailles. Dans cette région du Nord, d'accès si difficile, n'eût-il pas été plus sage de compter davantage sur les obstacles naturels ou artificiels et moins sur des troupes, braves sans doute, mais vraiment trop peu solides?

Quand nous considérons cette première partie de la lutte dans le Nord, nous voyons bien que l'on s'est épuisé à hâter la formation du 22e corps et que ce 22e corps, sous le commandement du général Farre, ne put protéger Amiens, qui se serait mieux défendu seul si un officier du génie, intelligent et comprenant les conditions nouvelles de l'art des fortifications, avait exécuté les travaux de campagne indispensables. La Fère était tombée aussi pitoyablement qu'Amiens; Péronne n'offrait guère de moyens de résistance plus sérieux. Toutes les circonstances qui auraient pu nous être avantageuses nous devenaient ainsi funestes par le manque d'un système de défense suivi avec méthode et ensemble.

Manteuffel, qui avait si vivement à cœur de ne pas s'écarter des instructions du grand quartier général, ne pouvait souhaiter rien de mieux que l'inaction momentanée de son adversaire.

La prudence avec laquelle Faidherbe se dissimulait derrière la Scarpe lui permettait de s'attribuer l'avantage avec plus de vraisemblance et de faire de l'indécise journée de Pont-Noyelles une victoire au profit de ses drapeaux. Cette immobilité lui démontrait, en outre, que l'Armée du Nord, ardente et brave comme elle l'avait prouvé, savait mieux affronter les dangers que les fatigues et que l'on n'avait à redouter d'elle ni un effort acharné ni une défense désespérée, après qu'elle avait essuyé le feu. Mais ce qui était le plus fâcheux, dans notre reculade, c'est que, renonçant à reprendre Amiens, nous livrions Péronne à ses propres ressources et facilitions nous-mêmes aux Allemands la possession entière de la Somme et de ses passages.

Tandis que Grœben, avec le VIIIe corps, poursuivait assez mollement nos troupes en retraite et se postait dans la direction d'Arras pour les observer, Manteuffel comprenait tout le parti qu'il pouvait tirer de la situation. Le VIIIe corps, par sa position, barrait la route du Sud à l'armée française et nous masquait en même temps Péronne. Il était évident que, dans notre position actuelle, nous étions obligés ou à combattre ou à laisser bombarder et prendre une place si importante pour nous, et dont le canon pouvait s'entendre à petite distance de nos avant-postes.

Si nous laissions tomber Péronne, le rôle de l'Armée du Nord devenait bien secondaire. Elle ne pouvait plus inquiéter Laon, La Fère, Soissons, Amiens. Il ne fallait plus songer à de hardies incursions dont la menace seule suffisait à forcer la Première Armée à monter la garde autour du maréchal de Moltke. Il n'aurait pas fallu espérer davantage entraîner Manteuffel à une guerre de siège contre les places frontières. Non, sur ce point, le thème des manœuvres fourni par le grand quartier général était net et précis. Le généralissime des armées allemandes ne se souciait de faire tomber que les places qui gênaient ses mouvements ou ses communications et il ne redoutait que les déploiements de troupes en rase campagne, toujours inquiet, dans sa constante prévoyance, de la réussite d'une attaque imprévue ou d'un coup d'audace de nos armées de province. Pour toutes ces raisons d'égale valeur, il nous fallait conserver Péronne. C'est précisément pour ces importantes raisons que Manteuffel avait résolu de s'en emparer.

Le nom de Péronne évoque une page étrange de notre histoire et le souvenir d'un des romans les plus saisissants d'intérêt et de vérité que Walter Scott nous ait laissés. C'est là que Louis XI, avec un courage qui dépasse celui des soldats sur les champs de bataille, vint rendre visite à Charles le Téméraire et braver dans sa propre cour la colère et la violence de son très puissant vassal.

Ces souvenirs bien lointains évoquent l'idée d'une ville forte et sombre, aux tours massives, aux remparts plus durs que les pierres des mortiers. Mais, pour les officiers d'état-major et de génie de l'armée allemande, le mirage des souvenirs et de l'histoire n'existait pas. Ils savaient que Péronne était facile à dominer et à canonner, qu'on pouvait aisément la réduire, et, avant de commencer un siège régulier, moyent lent, pénible et coûteux, ils usèrent d'autres expédients.

Des officiers de cavalerie crurent réussir par l'audace. L'un d'eux se présenta en parlementaire et somma la place de se rendre. Au lieu de le retenir prisonnier, on le renvoya sans l'écouter et il profita de notre faiblesse pour affirmer que, s'il avait eu avec lui vingt-quatre chevaux, au lieu de douze, la ville lui aurait ouvert ses portes.

Un capitaine du régiment de uhlans n° 7 crut être plus heureux et renouvela l'entreprise. Il se présenta à Péronne avec un lieutenant et accompagné d'un trompette. Ses explications parurent si peu claires à la suite de la première équipée qu'on garda capitaine, lieutenant et trompette — ce qui était d'excellente guerre.

A dater du 27 décembre, l'investissement fut préparé. Manteuffel y employa les troupes éparses dans la contrée et ce fut le général Senden qui en prit tout d'abord la direction.

Manteuffel lui avait donné l'ordre de brusquer l'attaque. On avait fait tomber la citadelle d'Amiens avec de l'artillerie de campagne, pourquoi ne réussirait-on pas de même à Péronne? Senden fit tout ce qui dépendait de lui pour mener à bien l'expédition.

« Le 28 décembre, à midi, écrit le sous-préfet Blondin dans son rapport, un parlementaire se présentait porteur d'une sommation (elle était écrite cette fois) conçue à peu près en ces termes :

« L'Armée du Nord s'est retirée derrière Arras, mes troupes cernent de tous côtés la place de Péronne; je vous somme de me la rendre, vous déclarant que j'ai les moyens de vous y contraindre et je vous rends responsable de tous les malheurs que le bombardement entraînerait pour la population civile ».

Cette sommation du digne commandant des troupes allemandes devant Péronne équivalait à une sorte de bombardement moral. Le commandant français repoussa fièrement ces menaces, rejetant sur l'ennemi la responsabilité et l'odieux d'attentats contre des gens inoffensifs.

De tels scrupules ne touchaient point l'âme prussienne. Les impitoyables vainqueurs, aussi implacables que les soldats de Blücher, appliquaient dans toutes ses rigueurs

Faux parlementaires retenus prisonniers à Péronne (Page 155).

la sombre et désespérante théorie de M. de Bismarck. Alors que les esprits généreux se sont efforcés d'établir entre les peuples des règles de droit international protégeant les blessés, les malades et les populations désarmées, les Prussiens, dans cette terrible guerre, mirent toujours ces nobles principes au-dessous de leur intérêt.

Le général Senden prodigua les menaces pour intimider, et, après avoir intimidé sans succès, frappa ainsi qu'il avait menacé. Ne laissant aucun délai à la ville investie, il fit immédiatement ouvrir le feu de ses neuf batteries par le colonel Kamecke sur le cœur de la ville, et, principalement, sur l'église et l'hospice.

Les incendies qui se déclaraient dans les bâtiments de l'hospice et les maisons avoisinantes excitaient l'ardeur barbare des canonniers de Kamecke. De tels effets valaient mieux que ceux d'une artillerie de siège contre des ouvrages militaires; les malheureux dont on brûlait les maisons et que les obus venaient tuer à leur foyer allaient sans doute crier pitié à leur chef militaire et le supplier, par respect pour la vie humaine, de sacrifier son honneur de soldat au salut de toute une cité. Quel calcul! Quel moyen de cueillir des lauriers sanglants! Encore, un trait de barbarie pourrait-il s'excuser par l'obligation pour un chef d'armée de se sauver ou de vaincre à n'importe quel prix. Tel n'était point le cas devant Péronne. Les assiégeants savaient que la ville ne pouvait leur résister longtemps et ils n'avaient pris guère au sérieux cet obstacle, puisqu'ils avaient présumé pouvoir l'emporter sans parc de siège. Ils ne pouvaient justifier non plus, à ce moment, la crainte que leur inspirait un retour imminent de l'Armée du Nord, puisque Faidherbe demeurait derrière la Scarpe et que, s'il bougeait de cette position, il devait se heurter aux troupes de Grœben qui l'observait à Bapaume. Non, rien n'atténuait ou ne motivait cette violence portée au droit des gens, qui avait pour seul but avouable le désir de ne pas déplacer un matériel de siège et de précipiter la capitulation d'une place incapable de tenir longtemps en échec des assiégeants nombreux et conduits avec énergie.

Cette canonnade aussi inutile que barbare fit heureusement plus de dégâts matériels qu'elle ne causa de morts ou de blessures. La garnison et la population la supportèrent stoïquement. Tout le monde savait, en effet, que Faidherbe n'était pas loin, qu'il avait fait promettre au gouverneur de résister et qu'il s'était engagé en retour à lui venir en aide dès qu'il serait attaqué.

Dans cette petite place picarde, si paisible naguère, les esprits avaient alors ce sentiment de détresse et de lassitude qui était la conséquence naturelle de malheurs répétés et d'une suite de mauvaises nouvelles. Il fallait pour qu'on allât jusqu'au sacrifice que l'on en mesurât l'utilité. Les habitants de Péronne sachant que Faidherbe comptait sur eux et qu'ils pouvaient compter sur lui n'avaient plus hésité. Le lâche bombardement de la ville ne produisit donc pas l'intimidation qu'en attendait le général allemand. La force avait primé le droit. Elle n'avait pas abattu le courage. Péronne était nécessaire à l'Armée du Nord; cette armée ne pouvait pas l'abandonner. Il fallait donc résister, laisser broyer les maisons par les obus et dévorer la ville par la flamme, mais tenir quand même, tenir jusqu'au moment où le canon de Faidherbe, tonnant tout à coup, disperserait ces brûleurs de villes et vengerait la place assiégée. Ce sentiment ayant été adopté par le plus grand nombre, le gouverneur n'avait pas tenu compte de l'opinion de ceux qui jugeaient différemment. Les règlements militaires et sa conscience de soldat lui avaient dicté la conduite à suivre.

Fort heureusement, le bombardement, commencé le 28, cessa dans la journée du 31 décembre et du 1er janvier. Les Prussiens manquaient-ils de munitions? Avaient-ils voulu simplement terrifier la ville pour lui arracher la capitulation sous une avalanche de fer? Les habitants de Péronne l'ignoraient et étaient réduits aux conjectures. Le 2 et le 3 janvier, les assiégeants rouvrirent le feu; dans la soirée du 2, on entendit, dans la ville, le canon qui grondait du côté de Bapaume.

Péronne se reprit à l'espoir. Si l'on se battait, ce ne pouvait être qu'à la suite d'une attaque de Faidherbe.

Pour que l'on entendît son canon — et, l'on ne pouvait s'y tromper, c'était bien vers Bapaume! — il fallait qu'il eût repris hardiment, heureusement, l'offensive, avec cette décision qu'on avait remarquée dans son mouvement contre Ham.

Le lendemain, ô joie qui ne se peut exprimer! le canon tonnait encore... Pour ceux qui étaient à même de comprendre la guerre à cette époque et d'en traduire les événements, ce canon présageait la victoire. Il était évident, incontestable, pour tout homme intelligent, que Faidherbe devait avoir eu l'avantage du nombre, de la position et du combat pour soutenir la lutte deux jours de suite. S'il avait imposé ce rude effort à ses jeunes soldats, c'est qu'il en voyait le prix et ce prix ne pouvait être que le seul objectif qu'il eût à poursuivre à ce moment : la délivrance de Péronne!

On peut juger par l'état des esprits quel écho le canon de Bapaume devait éveiller au fond de ces cœurs remplis d'angoisses. On avait maintenant l'explication du silence de l'artillerie allemande : elle avait rejoint Gœben... Si celui-ci était vaincu par Faidherbe, elle ne reparaîtrait plus devant la petite cité qui n'avait que trop souffert de ses coups.

Hélas! Ces flatteuses espérances ne devaient pas réchauffer longtemps ces cœurs déchirés. Le canon français se tut et l'artillerie allemande poursuivit son œuvre de destruction.

Que s'était-il passé pendant ces deux jours ? Faidherbe, fidèle à sa parole, avait-il succombé en voulant refouler les Prussiens et dégager la ville ? Était-on muré dans un cercle de canons prussiens et ne restait-il plus aucun secours à attendre du dehors ?

TROISIÈME PARTIE

BAPAUME

I

AFFAIRES D'ACHIET-LE-GRAND

ET DE BÉHAGNIES

Positions prises par l'armée française derrière la Scarpe. — Concentration de l'Armée du Nord. — Le général de Barnekow est chargé des opérations du siège de Péronne. — Faidherbe entreprend de faire lever le siège de cette ville. — Marche sur Bapaume. — Combats d'Achiet-le-Grand et de Béhagnies.

D'Arras à Douai, derrière le cours de la Scarpe, les Français occupaient Fampoux, Rœux, Vitry, Brébières, Corbehem et se tenaient sur une seconde ligne allant d'Oppy à Esquerchin.

Le 26 décembre, rassuré sur nos intentions, le général de Grœben s'était établi avec trois de ses brigades à Bucquoy, Achiet-le-Grand et Bapaume. En arrière, il tenait une brigade en réserve. A sa gauche, les cavaliers du général Dohna et des fantassins portés sur des voitures éclairaient le pays jusqu'à Beaumetz. A droite, renouant le VIIIe corps au détachement qui assiégeait Péronne sous les ordres de Senden, la cavalerie de la garde, appuyée d'une batterie à cheval et d'un bataillon de fusiliers, campait à Sailly. De cette façon, les villes d'Arras, Cambrai étaient également surveillées.

Le lendemain, le commandant du VIIIe corps supposant, d'après les rapports militaires, que Faidherbe s'était replié d'Arras sur Douai, jugea utile de renforcer et de prolonger sa droite dont il porta l'extrémité à Fins.

La ville de Cambrai semblait également abandonnée par nos troupes. Une patrouille de hussards de la garde y pénétra audacieusement dans la journée du 29 et se retira, craignant que l'on ne fermât derrière elle les portes de l'enceinte; mais, le 30, le lieutenant Milkau trouva à qui parler dans Cambrai, après avoir voulu tenter le même coup, et apprit qu'on avait vu les Français à Marcoing, bourgade située au sud de la ville, sur l'Escaut. Le 4e escadron de hussards de la garde fut aussitôt chargé de rendre compte du mouvement qui avait eu lieu. D'après les renseignements recueillis dans cette reconnaissance, les Français avaient du monde à Cambrai et Bouchain et semblaient avoir continué leur mouvement en arrière vers Maubeuge. Dans cette même expédition, les hussards de la garde s'étaient risqués jusqu'à Jouy et ils avaient fait sauter le pont du chemin de fer de la ligne qui va de Cambrai à Douai.

Derrière la Scarpe, au contraire, les Français paraissaient disposés à garder la défensive. Ils avaient occupé, à la date du 29, Achicourt et Beaurain, en avant d'Arras. Les détachements de cavalerie qui voulurent reconnaître la voie ferrée d'Arras à Douai nous trouvèrent partout en force ; cependant, des hussards du régiment n° 7 parvinrent à couper les fils télégraphiques et à enlever quelques rails dans le voisinage de Vitry. Le colonel Wittich, avec de l'infanterie dans des voitures et les hussards du régiment n° 9, continuait à opérer sur le flanc gauche du VIIIe corps. Il enveloppa à Souchez un détachement de mobiles qui n'avaient pas encore reçu de cartouches et les fit prisonniers avec les cinq officiers qui les commandaient. Ayant poussé un peu plus loin, il fut obligé de rétrograder devant des forces supérieures massées à l'est de la route d'Arras à Béthune.

Ces différentes opérations révélaient au général allemand les positions à peu près exactes de l'armée française, positions qui semblaient indiquer des mouvements de concentration effectués sans grande hâte et, par conséquent, sans intention de combats prochains.

Le 1er janvier, le chef de la Première Armée adressa ses souhaits et ses félicitations à ses soldats et le général de division Barnekow fut placé à la tête du corps chargé de l'investissement et du bombardement de Péronne, à la suite de déplacements de troupes et de changements de destination.

Faidherbe sachant que Péronne était investie et jugeant son armée remise sur pied avait pris la résolution de marcher à l'ennemi, de refouler les corps qui lui barraient la route et de dégager la ville qui comptait sur son prompt secours.

Les approvisionnements en vivres, fourrages, munitions étaient abondamment distribués. Les troupes s'étaient un peu refaites. Malgré les gelées et les neiges, les hommes, à ce moment, n'auraient pas eu trop à souffrir, si l'intendance avait pu leur fournir des couvertures et des vêtements. On n'avait malheureusement ni la qualité ni la quantité. Mobilisés et soldats sont unanimes à se plaindre. Certes, il leur sembla plus dur encore, pendant leur séjour derrière la Scarpe, de ne pas voir l'intendance mettre à profit ces instants de trève si précieux pour remplacer les chaussures sans semelles et livrer des chaussettes, des caleçons et des tricots.

Il y avait évidemment un vice dans notre organisation. Les chefs de service des armées ne jouissaient pas des pouvoirs suffisants; une autorité plus grande, un exercice plus large du commandement leur auraient permis de parer au plus pressé et d'adoucir la situation de nos soldats. Il eût été excellent, par exemple, d'autoriser les chefs de corps à réquisitionner l'industrie locale toutes les fois que la santé du soldat l'exigeait.

Nous étions dans une période où les représentants de l'administration de la guerre, avec l'habileté la plus consommée et la probité la plus inflexible, ne pouvaient espérer que passer des marchés fort onéreux pour le Trésor. On avait pensé sans doute simplifier le travail en procédant par très fortes commandes. Le système présenta des inconvénients et des retards plus que regrettables, sans compter le temps et les frais de transports inutiles. En bien des cas, nos armées auraient pu tirer des ressources immédiates des régions qu'elles occupaient, mais nous en étions demeurés à ces principes de centralisation qui permettent un contrôle utile en temps de paix, mais qui privent les commandants d'armée d'une initiative qui aplanirait souvent les difficultés et abrégerait le travail.

Après avoir fait de son mieux pour reformer solidement son armée, Faidherbe fit distribuer trois journées de vivres dans la journée du 1er janvier, leva le camp et vint disposer son armée de Tilloy à Rivière.

Le lendemain, les divisions Derroja, du Bessol et Payen (1) — cette dernière appuyée par les mobilisés du

(1) Le capitaine de vaisseau Payen avait succédé à l'amiral Moulac dans le commandement de la 1re division du 23e corps avec le titre de général de l'armée auxiliaire.

général Robin — poursuivaient leur marche en avant par trois routes différentes. Elles avaient reçu l'ordre d'attaquer l'ennemi si elles le rencontraient, de marcher au canon et d'occuper Bapaume, si les Prussiens n'opposaient pas une résistance trop énergique.

La 1re division (général Derroja) du 22e corps occupa Bucquoy et Achiet-le-Petit, que l'ennemi ne lui disputa pas. Mais le général du Bessol, qui débouchait par Ablainzevelle avec la 2e division, rencontra les Prussiens à Achiet-le-Grand.

Le 20e bataillon de chasseurs, accueilli par une très vive fusillade, aborda le village avec une intrépidité remarquable. Nous perdîmes beaucoup de monde dans cette attaque qu'il fallut diriger le long d'un chemin très creux et nos chasseurs commençaient à lâcher pied lorsque deux bataillons du 69e de ligne, venus au pas de course, tournèrent le village, fondirent sur l'ennemi par la chaussée du chemin de fer et l'obligèrent à se rejeter sur Bihucourt. Encouragés par ce résultat, nos soldats continuèrent la poursuite et délogèrent une seconde fois les Allemands.

A ce moment, le général du Bessol, entendant le canon de la division Payen dans la direction de Béhagnies, faisait exécuter par deux bataillons de mobiles

Les marins à Béhagnies. (Page 176.)

un mouvement sur Biefvillers-lès-Bapaume pour couper de leur retraite par Bapaume les Prussiens engagés avec notre 23e corps.

Ce mouvement habile et hardi pouvait avoir un résultat décisif à l'heure où le général du Bessol l'ordonna, mais le général en chef crut plus prudent de l'arrêter et de se contenter des résultats acquis. Nous avons eu cent exemples de cette prudence excessive dans cette guerre disproportionnée où nos généraux, doutant de l'endurance de leurs hommes, n'osaient compromettre le succès d'une première opération par un nouvel effort qui aurait dû être plus fructueux.

Pendant que le 22e corps, après ces heureuses opérations, s'installait dans des positions menaçantes pour la sécurité de l'aile gauche du général Gœben, le général Payen, après avoir traversé Boyelles et Ervillers, sur la grande route de Bapaume, apprenait par les paysans que l'ennemi, en petit nombre, se tenait à Béhagnies.

Ce renseignement ne fut pas contrôlé et l'on marcha avec confiance sur un obstacle que l'on croyait de peu d'importance. Les marins, sans se couvrir de tirailleurs, s'avancèrent témérairement sur Béhagnies, pensant qu'ils y entreraient sans brûler une cartouche et que la vue seule des forces de la 1re division du 23e corps engagerait les Allemands à gagner prudemment le large. Mais les rapports des habitants de la contrée étaient malheureusement inexacts. La brigade Strubberg occupait très fortement Béhagnies avec du canon et des chevaux; et nos marins, en approchant du village, essuyèrent une épouvantable décharge de mitraille qui couvrit le sol de leurs morts et de leurs blessés. La stupeur et la confusion changèrent leur retraite en déroute. A cette vue, un escadron de hussards (régiment n° 7) s'élança sur cette malheureuse infanterie, la sabra, et faillit s'emparer des canons qui la suivaient. Dans leur fuite, les fusiliers de marins entraînèrent les mobiles du 48e régiment et cette panique aurait pu avoir les conséquences les plus graves, si le capitaine Audibert, s'élançant en avant et faisant déployer en tirailleurs les hommes du 89e chasseurs et un bataillon du 33e, n'avait arrêté l'ennemi par un feu très vif et permis à la brigade de se reformer sous sa protection auprès du village d'Ervillers. Aussitôt, les batteries Dupuich et Dieudonné ouvrirent leur feu, tandis que la 2e brigade de la division entrait en ligne.

L'énergie du capitaine Audibert avait rétabli le combat, sans nous donner de grandes chances. La seconde brigade du général Payen composée de mobilisés n'était pas de force à soutenir la lutte contre les solides bataillons de Strubberg et les Prussiens, malgré leur notable infériorité numérique, n'auraient pas eu de peine à triompher de ces nouveaux adversaires, si le canon entendu dans la direction d'Achiet-le-Grand n'avait modéré leur ardeur. Ils pouvaient craindre, en effet, que l'attaque si maladroite des Français par la grande route de Bapaume fût une feinte et que l'on attirât leur attention du côté de Sapignies et de Béhagnies pour tomber sur leur flanc gauche, les séparer de Bapaume et leur couper la route de Péronne. Cette prévision n'était que trop fondée puisque cette conception fut celle du général du Bessol, dès que cet officier, maître d'Achiet-le-Grand et de Bihucourt, supposa avec tant de sagacité que les Allemands devaient avoir le plus gros de leurs forces en avant de Bapaume.

La 2e division du 23e corps (général Robin) qui devait appuyer la division Payen et ne pas la perdre de vue s'était fort mal acquittée de sa mission. Marchant avec une lenteur incroyable, elle ne se montra que vers 3 heures et demie à Mory et sa participation à la journée se réduisit à une arrivée tardive qui eut pour effet de confirmer le général Strubberg dans la prudence, en lui démontrant qu'il se trouvait en présence de forces considérables.

Bien qu'il eût repoussé victorieusement des troupes fortement supérieures aux siennes par le nombre, le général prussien jugea qu'il ne lui vaudrait rien de coucher à Béhagnies. Dès qu'il fut informé des faits qui s'étaient passés sur sa gauche et de la situation des troupes du 22e corps, il plia bagages et se rapprocha de Bapaume.

Le général Paulze d'Ivoy, commandant du 23e corps, fit occuper le village aussitôt qu'il eut appris son évacuation.

II

BATAILLE DE BAPAUME

Dispositions prises par Faidherbe et Grœben. — Avantage des Français sur toute la ligne. — Le colonel Fœrster à Bapaume. — Faux renseignements sur la situation de Péronne. — L'Armée du Nord, malgré le succès de la journée, se replie sur Arras.

La nuit fut très dure. La température était glaciale. Une neige épaisse couvrait la terre. Notre artillerie demeura prête à marcher, sans dételer ; plusieurs de ses chevaux périrent de froid.

Le matin, après les mouvements en arrière opérés pendant la nuit, les Prussiens, avaient occupé Grevillers, Biefvillers, Favreuil et Beugnâtre, pour couvrir Bapaume.

Le général de Grœben, qui était à Combles, ordonna au général Kummer, commandant la 15e division, de défendre énergiquement la ville, tandis que la cavalerie de

Gœben, avec de l'artillerie, prendrait de flanc notre aile droite. Le prince Albert, resté à Fins avec ses trois régiments de cavalerie renforcés de trois batteries et de trois bataillons, se portait à Berlincourt. Trois bataillons et l'artillerie du corps d'armée accouraient de Péronne, se tenant en réserve à Sailly. Le général de Grœben quittait lui-même Combles et s'avançait jusqu'au Transloy, village situé en arrière de Bapaume sur la grande route de Péronne. Par ses soins, une réserve de deux bataillons et de deux batteries était installée dans cette localité.

C'était devant Bapaume et à Bapaume même que le général de Grœben avait compris que la bataille devait porter son plus rude effort. C'était au centre et à l'aile gauche des Allemands que Faidherbe se préparait à porter toute la violence de l'attaque. Tandis qu'à sa gauche, contre Beugnâtre, il déployait la division Robin, complètement formée de mobilisés dont on n'osait trop mettre la fermeté à l'épreuve, du Bessol et Derroja combattaient à droite à la tête des troupes qui s'étaient déjà si vaillamment conduites à Pont-Noyelles.

A neuf heures et demie, sur notre droite, l'action s'engagea à coups de canon. A ce moment, le général du Bessol lança le 69e de marche sur le village de Biefvillers. Nos jeunes soldats escaladèrent les pentes fort raides par lesquelles on arrive au village et se jetèrent dans la grande rue. A la vue des Français, les Prussiens, poussant des cris terribles, sortirent des maisons et se précipitèrent sur nos soldats pour les refouler

Défense de Biefvillers par les Prussiens.

par un effort énergique. Le 69e tint bon et ne se laissa pas entamer dans ce combat à l'arme blanche malgré les charges furieuses des Allemands. Bientôt, l'arrivée du commandant Buchis à la tête du 2e bataillon de chasseurs força les Prussiens à reculer et à nous abandonner le village. Ce fut en vain qu'ils essayèrent de nous reprendre cette position. Le 2e chasseurs et le 69e de marche, fiers de ce premier avantage, n'étaient pas disposés à reculer d'une semelle.

Plus à droite, le général Derroja avait été également heureux. Il avait tourné et occupé Grévillers ; puis il avait posté son artillerie à droite de ce village, tandis que celle de du Bessol ouvrait son feu du haut des crêtes qui relient Grevillers à Biefvillers. L'artillerie prussienne soutint ce terrible duel pendant une heure. Des tireurs d'élite du 2e chasseurs se postèrent alors dans le clocher de Biefvillers et firent tellement de mal aux servants des batteries allemandes que celles-ci se retirèrent au galop de leurs attelages. Profitant de ce moment de recul, le général Derroja fit enlever au pas de course Avesne-lès-Bapaume. Alors notre droite frémissante, sentant la victoire se dessiner, s'avança sur Bapaume, et les tirailleurs de du Bessol envahirent le faubourg d'Arras.

Sur la grande route de Bapaume, l'action avait été moins vive. Bien que sa seconde division (général Robin) ne l'eût pas appuyé comme l'ordre d'armée le comportait, le général Paulze d'Ivoy avait gagné du terrain et occupé Favreuil. Par conséquent, les Allemands cédaient sur tous les points.

Nos tirailleurs s'avançaient rapidement dans le faubourg d'Arras malgré la vive résistance de l'ennemi à l'entrée de Bapaume. Le colonel Fœrster , qui amenait le 69e de marche et un bataillon du 91e, se heurta, sur l'emplacement des anciens remparts, à un ouvrage assez solide. Convaincu de la possibilité d'enlever cet ouvrage, le colonel ne voulut pas l'aborder avant de savoir si le général du Bessol l'approuvait et se trouvait en état de le soutenir. Il lui fut répondu que le général en chef venait de donner l'ordre de ne rien entreprendre contre Bapaume.

Dans les conditions où s'était livrée la bataille, toute l'armée supposait que Péronne était l'objectif de notre marche. Par conséquent Bapaume devait être enlevée, puisque c'était la clef de la route que nous devions suivre. Mais, au moment même où la victoire semblait certaine, le général Faidherde se trouvait en proie aux plus inquiétantes conjectures.

Les Allemands, redoutant les progrès du général Derroja venaient de prononcer par Ligny, contre sa division, un mouvement qui avait pour but de la déborder. Pendant que ce mouvement se dessinait contre notre droite, on venait d'apercevoir vers la gauche de très fortes colonnes qui manœuvraient dans la direction de Favreuil. Ce ne fut qu'après avoir reconnu ces masses que l'on sut à l'état-major qu'elles appartenaient à la division Robin, mais l'arrivée des mobilisés causa un moment d'hésitation et de retard qui ne se serait pas produit si l'Armée du Nord avait disposé de quelques escadrons pour l'éclairer. Quant à la tentative des Allemands contre notre aile droite, elle fut repoussée par le général Derroja qui fit enlever par la brigade Pittié le village de Tilloy.

Avant que la nuit fût venue, l'armée française avait conservé l'avantage sur tous les points. Malgré les beaux résultats de la journée, le général en chef voulut épargner à la ville de Bapaume les horreurs d'une attaque et fit camper ses troupes dans les villages qu'elles avaient pris

Une raison très forte l'avait déterminé à ne pas surmener cette armée qui venait de combattre par un froid cruel. Il avait appris que son offensive inattendue avait eu pour conséquence d'attirer sur lui toutes les forces ennemies disséminées dans la région et, principalement, celles qui étaient réunies autour de Péronne,

Le général Faidherbe avait accueilli trop facilement la nouvelle du dégagement de Péronne et ce renseignement à demi exact ne lui avait révélé qu'une partie de la vérité.

Les Allemands avaient bien distrait de Péronne toutes les troupes et toute l'artillerie qui n'y étaient pas indispensables; mais ils n'avaient pas songé une minute à lever le siège. La marche en avant de l'armée du Nord n'avait donc pas délivré Péronne, mais, simplement, ralenti l'attaque et arrêté momentanément le bombardement.

Il est impossible de contester l'avantage des Français dans cette journée du 3 janvier. Cependant on ne peut lui accorder l'importance d'une victoire. Pour qu'il y ait victoire dans le sens complet du mot, il faut qu'il y ait conséquence et profit. Nous avions arrêté l'armée alle-

Retraite au galop de l'artillerie allemande. (Combat de Biefvillers.)

mande sans la défaire. Nous lui avions enlevé une partie de ses positions. Soit! Qu'avions-nous tiré de cette avantage? Avions-nous ouvert la route de Péronne? Avions-nous obligé Barnekow à repasser la Somme pour ne pas être pris entre la ville assiégée et les têtes de colonne de l'Armée du Nord? Non.

Bien que nous eussions des troupes fraîches et des régiments qui n'avaient pas brûlé une cartouche dans la journée, le général en chef n'osa pas recommencer la lutte le lendemain, ses meilleurs soldats étant épuisés de fatigue et de froid, les subsistances étant difficiles. Pénétré de l'idée que Péronne était momentanément débloquée et saurait l'attendre, il préféra accorder à ses troupes un peu de repos avant de renouveler ses efforts contre l'armée prussienne.

Peu d'hommes, pendant cette guerre sans espoir, ont déployé plus d'énergie, d'audace et de confiance que Faidherbe. On peut donc se rapporter à son témoignage. Si, malgré le blâme de ses détracteurs, il n'admit pas la possibilité de se battre deux jours de suite, il n'est pas permis de contester la valeur de ce jugement. Il était placé pour bien voir et il était animé du désir de vaincre. Après avoir montré tant d'opiniâtreté et de bravoure, il n'était pas homme à se ménager. Tout le poussait à l'action : le souci de sa propre gloire, le danger de Péronne, les pressantes instances du gouvernement. Comment n'eût-il pas fait l'impossible sous l'empire de telles circonstances?

Sa seule faute fut de ne s'être pas renseigné suffisamment. Dans le cas où Péronne eût été en état de tenir et de l'attendre, le parti qu'il avait pris aurait été très plausible. Il eût certainement réparé le temps perdu par une ardeur nouvelle, par l'énergie avec laquelle ses soldats se seraient élancés à la délivrance de Péronne. Que fallait-il pour assurer à ce plan toutes les chances de succès ? Il fallait ne pas laisser d'*alea,* tout tenter pour avertir le commandant Garnier et savoir définitivement à quoi s'en tenir sur sa situation véritable, de manière à donner à la place la promesse formelle d'un prompt secours et à l'armée la certitude que la garnison et les habitants étaient décidés à tout subir jusqu'à sa très prochaine arrivée.

Rien ne fut tenté dans ce sens. Dans la journée du 4, Péronne cessa d'entendre le bruit du canon libérateur de Bapaume et on put conclure de ce mortel silence que Faidherbe était repoussé. C'était laisser aux assiégeants un immense avantage moral, et ils étaient beaucoup trop habiles pour ne pas en profiter sur-le-champ.

Le soir de la bataille, les Prussiens s'étaient évidemment considérés comme battus. L'évacuation de Bapaume en est la preuve manifeste. Les réticences de l'ouvrage du comte Wartensleben en font foi.

L'officier d'état-major allemand reconnaît, en effet, qu'en continuant immédiatement la lutte contre un ennemi aussi supérieur en nombre et « dont la contenance avait été si ferme jusqu'à la fin », on s'exposait, en cas d'insuccès, *à une défaite sérieuse.* Il est indéniable, après cet aveu de l'ennemi, que la poursuite de l'avantage de la veille aurait eu des suites de la plus haute importance.

Grœben, dominé par cette crainte, s'empressa de donner

dans la matinée du 4 le signal de la retraite. Il fila sur Roisel avec le gros de son corps et envoya, sur la gauche, la division de cavalerie Gœben, appuyée de 5 escadrons, occuper Albert d'où elle menacerait notre flanc si nous continuions notre mouvement sur Péronne.

Pendant que Grœben prenait ces mesures défensives, l'armée française était sur pied à sept heures du matin et recevait l'ordre de rebrousser chemin sur Arras, alors que les habitants de Bapaume nous apportaient la nouvelle de l'évacuation de leur ville. Ainsi, ces deux armées qui s'étaient heurtées si rudement la veille se tournaient le dos maintenant et marchaient en sens inverse.

Le général de Grœben, à cette nouvelle inespérée, fit immédiatement réoccuper Bapaume et lança quelques escadrons de cavalerie sur nos derrières pour ne pas perdre le contact avec nous et bien s'assurer de notre retraite définitive.

Le régiment de cuirasssiers n° 8 tenta, dans cette poursuite, de surprendre l'arrière-garde de la division du Bessol formée par le 20e bataillon de chasseurs à pied. Profitant d'un mouvement de terrain qui les dérobait à notre vue, les cuirassiers fondirent sur nos chasseurs près du ravin qui borde la route, à peu près à hauteur du petit pays de Gomiécourt. Le brave commandant Hecquet reçut cette charge avec un sang-froid admirable et fit tirer au commandement. Une décharge exécutée à 50 mètres anéantit presque complètement le premier escadron. Les cavaliers qui échappèrent à cette pluie de fer se rejetèrent en désordre sur le deuxième escadron, et les cuirassiers blancs décimés disparurent.

Après cette affaire, la retraite se continua péniblement sur des routes tellement encombrées de neige que les colonnes avaient de la peine à poursuivre leur chemin et s'égaraient parfois dans les champs.

Officiers et soldats sentaient dans cette marche épuisante leur énergie mollir, leur espérance se fondre. Ils ne s'étaient si bien battus que pour reculer encore! Ils avaient entendu le lointain canon de Péronne et ils n'avaient pu y courir!

Les plus braves se demandaient pourquoi on n'allait pas à la victoire ou à la mort. Les autres se demandaient : « A quoi bon verser tant de sang précieux, puisque le sacrifice est inutile; puisque ces batailles indécises ne changent pas la face des événements et ne servent qu'à accumuler des cadavres sur des ruines! »

III

CAPITULATION DE PÉRONNE

Inquiétudes du général de Grœben. — Rentrée du général Derroja dans Bapaume. — Ce qui se passait à Péronne. — Causes véritables de la capitulation.

Le général Faidherbe avait ramené son armée à Boileux. Elle retrouvait un peu de bien-être dans ses cantonnements où l'administration s'efforçait de la ravitailler de son mieux. Mais qu'était-ce qu'un peu de bien-être matériel à côté des souffrances morales qu'on endurait et des appréhensions qui étreignaient les cœurs?

Ce répit qui nous soulageait un peu éveillait quelques doutes dans l'esprit de l'état-major allemand. Bien qu'il se targuât un peu tard de nous avoir battus à Bapaume, Grœben était loin d'avoir autant d'assurance qu'il en affectait. Il craignait que la retraite de l'Armée du Nord ne dissimulât quelque nouveau projet de Faidherbe. Il lui était difficile de supposer qu'un soldat de cette tenacité se résignât, après une journée fort honorable pour lui, à laisser Péronne livrée à sa destinée. On attachait donc une certaine créance à un bruit d'après lequel Faidherbe attendait pour se remettre en marche un secours de 20,000 hommes qui allait lui arriver par la mer.

Le général de Grœben sentait l'impossibilité de lutter contre des forces numériques aussi importantes et il avait déjà envisagé le parti qu'il conviendrait de prendre si la nouvelle qui circulait devenait une réalité. Il avait décidé pour parer à ce nouveau péril, s'il se présentait, de se retirer avec toutes ses forces derrière la Somme, de débloquer le nord de Péronne et de continuer seulement par le sud l'attaque de cette place. De cette manière, il ne s'écartait pas des instructions du grand quartier général et de l'objectif du maréchal de Moltke qui tenait à tout prix à la conservation des lignes de la Seine et de la Somme. En même temps, il compensait la supériorité du nombre par l'excellence de la position.

Il n'y eut pas lieu d'exécuter ce plan qui offrait la plus grande sécurité. Le général Faidherbe n'attendait pas un renfort aussi considérable. Bien au contraire, il redoutait lui-même que l'armée allemande ne se grossît bientôt de secours envoyés même de Paris. En outre, après avoir cru au salut de Péronne, il était inquiet et avide de recevoir des nouvelles plus positives.

Jugeant ses soldats suffisamment reposés des fatigues de la journée de Bapaume, il porta ses cantonnements le 10 janvier à Ervillers. La nuit même, le général Derroja surprit et captura les grand'gardes prussiennes à Béhagnies et, le lendemain, il entrait sans coup férir dans cette ville de Bapaume que l'ennemi nous avait disputée si vivement quelques jours plus tôt.

Les Prussiens avaient de bonnes raisons pour ne plus tenir à conserver cette position. En entrant dans la ville, le général Derroja apprit que la place de Péronne venait d'ouvrir ses portes au général Barnekow.

Les habitants de cette place avait été en proie au plus violent désespoir lorsque le canon de Bapaume avait cessé de se faire entendre. L'absence de nouvelles de l'armée du Nord ne pouvait être favorablement interprétée; et le bombardement, qui avait été continué le 2 et s'était poursuivi les jours suivants avec une régularité désolante, démontrait clairement que les assiégeants avaient repris toute leur assurance.

Tirant sur la ville, les batteries allemandes faisaient un mal horrible aux habitations particulières. Soixante-dix maisons avaient été complètement détruites. Presque tou-

Les cuirassiers blancs à Gomiecourt. (Page 189.)

tes avaient été plus ou moins gravement atteintes. On juge quels sentiments devaient animer la population civile de Péronne qui croyait l'Armée du Nord battue, ou tout au moins arrêtée par un obstacle infranchissable, et qui voyait arriver le moment où la cité ne serait plus qu'un monceau de ruines et de cendres calcinées.

Quand le général Barnekow envoya un parlementaire offrir au gouverneur des conditions de capitulation honorable ou le menacer du feu de son artillerie de siège qui venait d'arriver, cette proposition fut immédiatement prise en considération.

Quelques partisans de la résistance, MM. Peyre, ancien officier de génie, et Blondin, sous-préfet, alléguèrent que les plus gros sacrifices étaient consommés et demandèrent la prolongation de la défense. Le commandant Garnier mit aux voix l'avis de ces Messieurs, qui, malheureusement, fut rejeté, moins parce que l'on était las de la lutte que parce qu'on la jugeait inutile.

Cette résolution fut désastreuse. Mais, en examinant la situation, on ne peut blâmer ceux qui la prirent. Comment auraient-ils pu deviner, en effet, la vérité qui était absolument en contradiction avec la vraisemblance? N'était-il pas fatal que la place dût croire à la défaite de Faidherbe dont le canon s'était tu, dont on n'avait plus reçu de nouvelles? Alors fallait-il, contre toute espérance, attendre jusqu'à la dernière extrémité? Les considérations militaires étant nulles, le conseil de défense avait obéi à des considérations d'humanité.

Il n'est que trop vrai qu'à la guerre « tout arrive » et qu'un chef avisé doit prévoir même l'inconcevable. Le commandant Garnier n'osa pas aller jusques là. Tandis que Faidherbe supposait qu'il suivrait à la lettre ses instructions et tiendrait quand même, le commandant estimait que la retraite de l'Armée du Nord annulait les ordres qu'il avait reçus et ne croyait pas à la possibilité d'un retour offensif.

Si malheureuse que fût alors la reddition de Péronne au point de vue de notre action militaire dans le Nord, il n'en est pas moins vrai qu'il n'y eut pas de responsabilité particulière à charger de cette faute. Les faits entraînèrent les hommes.

Pour envisager sainement les faits, il est indispensable de tenir compte de la manière dont la guerre était menée pendant cette rude et longue campagne et surtout de la façon dont elle était unanimement jugée.

Quelques avantages éloignés, de conséquences à peu près nulles, avaient pu rendre quelques lueurs d'espoir, mais n'avaient pas haussé les cœurs. Nos armées improvisées s'étaient bien conduites. L'honneur de la nation était sauf; mais les masses n'étaient point dominées par ces grands mouvements qui saisissent un peuple en détresse et lui soufflent l'audace et la folie. On se battait bravement, mais sans pousser jusqu'à l'héroïsme. Gambetta n'avait pu soulever la nation et les généraux n'avaient pu mettre le feu au ventre de leurs hommes. On luttait moins par enthousiasme que par devoir...

Trop de clairvoyance et de sang-froid avaient paralysé la défense. Il se produisit donc à Péronne un fait analogue à ceux qu'il fallait enregistrer journellement sur les scènes les plus éloignées du théâtre de la guerre.

En d'autres temps, le gouverneur, la garnison, les habitants auraient été emportés par la fureur de la lutte. Ils n'auraient rien pesé et se seraient défendus à outrance. Mais, depuis des mois, ils avaient été les témoins attristés de l'impuissance de nos armes. La Fère, Soissons, Amiens étaient tombés devant leurs yeux. Les Prussiens avaient ravagé, terrorisé la région, et, malgré tous nos efforts, ils avaient réussi à nous contenir derrière la Somme. Ce triste bilan de nos opérations n'avait que trop donné le droit de bannir toute illusion.

Or, à ce moment, l'illusion, si invraisemblable qu'elle fût, eût été permise. Après ces combats acharnés et indécis que l'Armée du Nord semblait toujours prête à recommencer, l'armée allemande avait appris à reconnaître l'opiniâtreté de l'ennemi et à s'inquiéter de sa supériorité numérique.

Si le général Faidherbe n'avait pas reculé jusqu'à ses

anciens cantonnements pour faire vivre ses troupes et leur donner du repos, s'il avait osé se maintenir à Bapaume, évacué par Kummer qui n'aurait pas pu lui tenir tête, il aurait continué sa marche sur Péronne et la présence seule de son armée eût décidé Barnekow à lever le siège, ou, tout au moins, à retirer, sur la rive gauche de la Somme, les troupes qu'il avait sur la rive droite. D'un autre côté, le commandant Garnier, en s'entêtant quelques jours, aurait laissé à Faidherbe le temps de se ravitailler et de marcher utilement à son secours.

Il n'y a pas lieu de revenir sur ces malheureux événements. Il serait tout aussi injuste de vouloir rejeter toutes les responsabilités sur un seul. Si l'on reprochait au commandant Garnier d'avoir rendu trop tôt Péronne, il faudrait alors reprocher à Faidherbe de n'avoir pas mis assez de hâte à se porter à son secours.

QUATRIÈME PARTIE

SAINT-QUENTIN

I

RENTRÉE EN CAMPAGNE DE L'ARMÉE DU NORD

Fatales conséquences de la capitulation de Péronne. — Dépêche de M. de Freycinet au général Faidherbe. — Opinion de l'état-major allemand sur la journée de Bapaume. — Situation critique de l'armée allemande. — Faidherbe modifie ses dispositions à la suite de la capitulation de Péronne. — Grœben observe attentivement la marche de l'Armée du Nord. — Indications fournies par le mouvement de la brigade Isnard sur Saint-Quentin. — Feinte d'un mouvement de l'Armée du Nord sur Amiens. — Grœben poursuit Faidherbe dans sa marche vers l'Est. — Combats autour de Vermand.

Après la bataille de Bapaume, il était difficile de nourrir encore des illusions sur l'issue de la campagne. Si la ligne de la Somme et les places de la région avaient été mises utilement en état de défense, si de vastes magasins militaires avaient été créés par les soins d'un ministre de la guerre actif et prévoyant, l'Armée du Nord aurait eu, en toute vraisemblance, des chances très fortes de tenir tête à l'ennemi.

Elle avait livré trois batailles depuis qu'elle faisait campagne. Battue à Villers-Bretonneux, elle avait fourni une si vigoureuse défense que Manteuffel ne fut certain de son succès qu'au lendemain de la journée. Encore cette armée si fragile avait-elle dû combattre, pour défendre Amiens, dans une position désavantageuse et sur un front trop étendu. N'est-il pas juste de rappeler, en outre, que les cartouches manquaient au moment où le colonel du Bessol abandonna Villers-Bretonneux, théâtre d'un si rude combat?

En deux autres rencontres, les Prussiens ne pouvaient assurément pas s'attribuer la victoire, puisque nous avions couché sur nos positions à Pont-Noyelles, et qu'ils avaient perdu les leurs à Bapaume.

Malheureusement, si honorables que fussent ces deux journées pour nos jeunes troupes, il est évident que leurs conséquences militaires étaient des plus minces, puisque Français et Allemands s'étaient réciproquement tourné le dos pour se reporter en arrière.

Faidherbe avait été brave et opiniâtre; mais la capitulation de Péronne et la possession définitive de la Somme par les Allemands semblaient rendre désormais inutile son action dans la contrée. L'ennemi, de son côté, eût risqué gros à entreprendre de le serrer de trop près ou à chercher à le traquer dans les places fortes du Nord. De plus, cette expédition eût été contraire au plan de campagne du maréchal de Moltke qui voulait que l'armée de Paris fût constamment protégée contre tout coup de main par un rempart de baïonnettes.

A ce moment, M. Charles de Freycinet, qui était effectivement le ministre de la guerre, adressa aux commandants de nos Armées de province une dépêche par laquelle il leur annonçait que l'Armée de Paris allait tenter une grande sortie avec laquelle il était urgent de faire coïncider une attaque générale.

Bien que Faidherbe sût qu'il avait peu de chose à espérer d'un retour offensif, il n'hésita pas, sur la dépêche de M. de Freycinet, à endurer de nouvelles fatigues et à braver de nouveaux périls. Il avait jugé que « le moment de se dévouer était venu (1) ».

De même que nous avons pour nous guider sur les opérations de la Première Armée sous les ordres du général Manteuffel un excellent ouvrage (celui de M. le comte de Wartensleben), de même nous en possédons un, fort précis et très complet, de M. le major von Schell, sur les opérations du général de Grœben depuis le moment où celui-ci prit le commandement en chef.

(1) Général Faidherbe, *Campagne de l'armée du Nord.*

Il faut reconnaître que les deux écrivains militaires allemands, tout en défendant, par un mouvement bien naturel, l'amour-propre national, s'appliquent à être sincères et exacts. C'est un hommage à rendre à ces narrateurs de la guerre franco-allemande ; et, malheureusement, de telles occasions sont rares avec des adversaires implacables, toujours prêts à abuser de la force et à pousser le droit des vainqueurs au delà des limites que le droit des gens ne lui impose qu'en théorie.

Les témoignages de M. le major von Schell confirment plainement le jugement qui a été porté ici sur les conséquences de la bataille de Bapaume et sur le profit que le général Faidherbe pouvait en tirer. En entendant les aveux de l'officier allemand, on regrette plus vivement encore que le général français n'ait pas pas pu se battre deux jours de suite à Bapaume, ou que, s'étant retiré dans ses cantonnements, il n'ait pas eu l'impatience d'en sortir plus tôt pour se jeter au secours de Péronne.

« Le 3 janvier au soir, écrit M. von Schell, les troupes se trouvaient à Bapaume dans une situation difficile, au cas où le combat recommencerait le 4 janvier, car elles ne pouvaient espérer de renforts, bien qu'elles fussent exténuées de fatigue, et une partie des batteries n'était guère en état de servir, vu le manque de munitions.

« *Dans ces conditions, un renouvellement de l'action le 4 Janvier pouvait occasionner un premier échec que la situation de la guerre ne permettait pas.* Ces considérations, jointes à la solidité dont l'Armée du Nord avait fait preuve, amenèrent le général de Grœben à ordonner aux troupes réunies à Bapaume de se retirer dans des directions différentes, *au risque de voir, par suite, secourir dans peu de temps Péronne* ».

Ces lignes offrent un sens bien clair. Il est évident que M. le major von Schell, quand il affirme un peu plus loin que la bataille de Bapaume empêcha les Français de débloquer Péronne, veut simplement réserver à la Première Armée les honneurs de la guerre. La dépêche du général de Grœben à Manteuffel ne laisse d'ailleurs aucune illusion. « La situation, télégraphiait-il, devient chaque jour plus difficile en face de forces tellement supérieures; en outre, les troupes sont épuisées et les munitions d'artillerie très restreintes à cause de Péronne. Aussi avons-nous résolu de passer aujourd'hui sur la rive gauche de la Somme... *Le bombardement de Péronne continue, quoique sans espoir de succès* ».

Au 6 janvier, le major von Schell déclare que la situation de l'armée devenait chaque jour plus grave. Les troupes qui avaient pris part à la bataille de Bapaume s'étaient repliées derrière la Somme. Le général de Grœben ne croyait plus possible d'arrêter la marche imminente de l'Armée du Nord sur Péronne. A ce moment, cette armée avait pour elle l'avantage du nombre et les troupes qu'elle avait combattues avaient véritablement souffert. Le major von Schell avoue que les bataillons étaient réduits à 500 hommes et que le corps d'officiers « s'était presque fondu ». Les rapports allemands constatent, en effet, à tout instant la mort de capitaines ou de premiers lieutenants tués dans des combats d'avant-garde. La rigueur de la saison imposait aux Allemands, par surcroît, des efforts énormes pour tirer parti de la supériorité de leur cavalerie et de leur artillerie, soit pour manœuvrer, soit pour exécuter les services de reconnaissance, soit pour assurer le transport et l'approvisionnement des munitions.

Faidherbe mal renseigné n'avait pas mieux connu la détresse de Péronne que l'inquiétude des Allemands. Lorsqu'il apprit à Bapaume, dans son nouveau mouvement en avant, la nouvelle de la capitulation de Péronne, il se porta sur Albert qu'il trouva inoccupé. Le général de Mémerty, qui occupait cette position, l'avait évacuée sans combattre, ayant reçu l'ordre de ne pas s'engager et de se retirer au besoin sur Querrieux.

Le général de Grœben était encore très indécis sur la marche de Faidherbe. Pendant qu'il faisait observer à Albert les têtes de colonnes de son adversaire, il chargeait le général Barnekow de surveiller, de Péronne, ce qui se passait à Bapaume et dans la direction de Cambrai. En même temps, tous les passages de la Somme, depuis le confluent de l'Hallue jusqu'à Bray-sur-Somme, étaient soigneusement gardés par le VIIIe corps.

Tout en prenant ces dispositions, les Allemands demandaient des renforts à Rouen et à Reims. Dans le même temps, le grand quartier général de Versailles était averti du danger de la situation.

Dans la journée du 15, l'Armée du Nord poussa des reconnaissances jusqu'à Bray, Hailly, Bouzincourt. Faidherbe acquit la certitude que les passages de la Somme étaient gardés et qu'il ne pourrait les franchir. Jugeant inutile de persévérer de ce côté, le général français résolut de se reporter vers l'Est et d'essayer de se dérober à l'armée qui lui barrait la route par une marche de flanc dans la direction du sud de Saint-Quentin. Il pensait tromper les Allemands sur ses projets, gagner assez d'avance pour menacer la ligne de La Fère, Chauny, Noyon et Compiègne, et compromettre ainsi les communications de la Première Armée. La réussite de ce mouvement devait lui attirer sur les bras toutes les forces allemandes disponibles et son plan consistait, après avoir opéré cette heureuse diversion, à se rabattre vers le Nord où il trouverait comme points d'appui Cambrai, Bouchain, Douai, Valenciennes.

Ce plan une fois arrêté, Faidherbe partit d'Albert le

16, pour aller coucher à Sailly-Saillisel et dans les villages voisins de Combles.

Le temps ne favorisa point cette opération. Dans la nuit qui la précéda, la température s'abaissa soudainement. La gelée changea la neige fondue en un miroir. Le départ des convois, qui devaient marcher en tête, fut retardé.

Les chevaux de l'artillerie avaient été ferrés à glace. On avait négligé ce soin pour les bêtes de transport, dont la plus grosse part avait été réquisitionnée. Surpris par le verglas, les convoyeurs menaçaient de rester en place et les maréchaux-ferrant firent leur besogne du mieux qu'ils purent pour tirer l'armée de ce mauvais pas.

Les difficultés éprouvées par la 1re brigade de la division du Bessol sur la pente fort raide qui conduit à Courtalmaison nous ont été racontées. On essaya de pousser les voitures sans y réussir. Les habitants réquisitionnés pour jeter de la cendre et du fumier s'y prêtèrent de mauvaise grâce. En désespoir de cause, les conducteurs piochèrent le sol du milieu de la route. Le résultat étant nul, on prit le parti d'enlever la terre sur les côtés du chemin et de la répandre sous les pieds des chevaux, mais on renonça de suite à ce travail, le terrain étant trop gelé. Comme on ne pouvait rester ainsi en détresse sur cette maudite côte de Courtalmaison, le général du Bessol, le colonel Fœrster, tous les officiers de l'état-major de la

Postes gardant les passages de la Somme.

division et tous ceux de l'état-major de la 1re brigade donnèrent l'exemple. Les uns s'attelèrent aux chariots, les autres prirent la tête des chevaux et firent monter jusqu'au village la tête du convoi. En même temps, un bataillon de mobiles du Gard qui se trouvait là reçut l'ordre de mettre sac à terre et d'exécuter la même besogne. On ne parvint qu'au bout de quatre heures d'un travail surhumain à faire gravir aux 300 lourdes voitures du convoi cette rude montée de Courtalmaison (1).

Pendant que l'armée française manœuvrait, le général de Grœben la surveillait avec une incessante attention. Après une courte hésitation, il ne tarda pas à démêler une partie de la vérité sur les projets de Faidherbe.

En effet, tandis que le comte de Lippe annonçait par dépêche, dans la matinée du 17, que, la veille, il avait été contraint par les Français d'évacuer Saint-Quentin où il n'avait qu'un bataillon, le comte de Grœben vint apprendre verbalement au général en chef de la Première Armée que les Français avaient quitté Albert où l'on savait que le général Faidherbe avait passé la soirée du 15. On connut également qu'il ne restait à Bapaume que trois bataillons avec 4 bouches à feu de petit calibre, un grand convoi, et point de généraux. De ces renseignements très précis, le général de Grœben déduisit judicieusement que Faidherbe avait renoncé à tout projet contre Amiens et que son armée marchait à gauche, soit dans

(1) Ces détails sont empruntés à un ouvrage sans nom d'auteur sur les opérations de l'armée française du Nord, publié chez l'éditeur Tanera.

la direction de Saint-Quentin, soit dans celle de Reims.

Dès cet instant, Grœben prit rapidement ses dispositions pour concentrer ses forces autour de Ham et de Nesles où le quartier général devait être transporté. Les ordres furent donnés dans ce but aux troupes cantonnées sur la rive gauche de la Somme, pendant que l'aile gauche allemande (8 bataillons détachés du corps de Rouen et la 3e division de cavalerie) suivait la marche de l'armée de Faidherbe sous les ordres du général de Mémerty. En même temps, le maréchal de Moltke télégraphia de Versailles pour annoncer qu'une brigade d'infanterie de l'armée de la Meuse venait d'être détachée au secours de la Première Armée et que le général en chef était autorisé à tirer de nouveaux renforts de Rouen où devait arriver, le lendemain, le XIIIe corps d'armée parti d'Alençon.

Malgré la fatigue et la souffrance de ses soldats, le général Faidherbe reprit sa marche le 17 pour gagner Vermand.

La 2e brigade de la division Derroja rencontra près de Templeux de l'infanterie appartenant à la division Barnekow. Cette infanterie embusquée dans le bois de la Buire ne songea pas à nous arrêter par une résistance bien sérieuse; mais le dégel, la boue et les ruisseaux débordants rendirent extrêmement pénible l'étape qui ne fut parcourue qu'à la nuit.

« Vers 3 heures, écrit l'auteur du 3e *Bataillon des mobiles de la Somme,* la route que nous longeons est tellement défoncée que nous devons suivre, un à un, un sentier qui a résisté à l'inondation, car c'en était une ».

Les malheureux mobiles de la Somme cheminèrent ainsi, ayant de l'eau jusqu'aux chevilles et parfois jusqu'à mi-jambes. Devant Manancourt, ils durent faire halte tous les dix pas et ce supplice dura près de trois heures pendant lesquelles toute la brigade traversa, sur une seule planche, un ruisseau débordé. Après cette traversée, il y en eut d'autres, et les compagnies débandées n'arrivèrent qu'à la nuit noire dans Écancourt, ralliées par la marche de régiment sonnée par les clairons. Faidherbe coucha ce soir-là à Vermand où l'ennemi, poursuivi par les dragons du Nord, ne nous avait pas attendus.

Les différents corps allemands avaient parfaitement exécuté les ordres prescrits par le général de Grœben. Se hâtant de manœuvrer, ils étaient à la fois sur la queue et sur le flanc droit de l'Armée du Nord. Leur cavalerie leur donnait sur nous un avantage considérable et ce fut sous la menace continuelle de cette cavalerie que Faidherbe poursuivit sa marche sur Saint-Quentin.

Le lendemain 18, l'armée française, sur deux colonnes, se dirigea sur Saint-Quentin par deux routes différentes. Le général Paulze d'Ivoy, à la tête du 23e corps, suivit celle du Nord (par Vermand) qui est directe, tandis que le corps Lecointe (22e) partait pour Grand-Seraucourt (au sud de Saint-Quentin) par Beauvois et Saint-Quentin.

La division de Kummer franchit la Somme dès le matin,

Charge des hussards du Roi repoussée par les mobiles du Gard et de Somme-et-Marne entre Caulaincourt et Trefcon.

la brigade Bock au Petit-Saint-Christ, et la brigade Strubberg à Brie, les différents corps ayant l'ordre de se rejoindre à Tertry. Des hauteurs de Tertry où il arriva vers 10 heures, le général Bock reconnut les colonnes françaises en marche de Caulaincourt sur Trefcon. Il les fit canonner et commanda en même temps au capitaine de Rudolphi d'arrêter les Français par une charge de ses deux escadrons de hussards du Roi (régiment n° 7). Cette charge fut très vigoureusement conduite, mais les mobiles du Gard l'arrêtèrent avec l'appui d'un bataillon de Somme-et-Marne commandé par le colonel de Brouard, de sorte que les hussards du capitaine Rudolphi, après avoir réussi à culbuter quelques voitures du convoi, ne purent dépasser Trefcon.

La division Derroja était parvenue à gagner Roupy sans être inquiétée, mais la queue de celle du général du Bessol, qui avait marché moins vite, fut attaquée très vivement. Le colonel Fœrster (1), fit aussitôt déployer ses tirailleurs, tout en poussant sa brigade sur Roupy, pour ne pas retarder le mouvement général de la division.

En même temps que la brigade Fœrster était aux prises avec l'ennemi, le commandant Périer, du 69e de marche, qui escortait le convoi de la division du Bessol, fut vigoureusement abordé par des troupes appartenant à la division de Kummer. Cet officier ordonna aux voitures de filer sur Saint-Quentin par Vermand, et, se postant en avant de Pœuilly, se prépara à résister énergiquement.

Tout en combattant, le colonel Fœrster était arrivé à Vaux où il trouva le général du Bessol qui revenait de Roupy après avoir mis en ligne sa première brigade. Heureuse-

(1) Le colonel Fœrster commandait la 2e brigade de la division du Bessol.

ment, cette première brigade n'eut aucunement à intervenir. De son côté, le commandant Périer se retirait en très bonne attitude, quand les troupes du 23e corps intervinrent, croyant la division de Bessol plus sérieusement aux prises avec l'ennemi. L'action s'engagea donc beaucoup plus rudement vers Caulaincourt et dans la direction de Vermand, tant par le nombre des combattants que par l'intensité de la lutte.

Les Français avaient dans cette journée le désavantage de faire volte-face pour combattre. Cependant les Allemands ne purent obtenir d'autre résultat que celui de ralentir notre mouvement et de nous fatiguer.

Tandis que, dans cette marche d'Albert sur Saint-Quentin, les corps de Grœben et de Mémerty accouraient sur nos talons, nous étions sur le flanc droit en contact, avec la division de Kummer et, devant Saint-Quentin, avec la division Barnekow.

Il devenait plus que douteux de pouvoir échapper à la nécessité de livrer une bataille aux portes mêmes de Saint-Quentin, car nous ne pouvions espérer cacher aux Allemands, après ce combat de Vermand, que l'Armée du Nord venait de perdre toute l'avance qu'elle avait réussi momentanément à gagner.

II

SAINT-QUENTIN

M. Anatole de La Forge. — Les représailles de M. de Kahlden. — Arrivée de la brigade Isnard.

Aucune ville ouverte de la région du Nord ne fut plus cruellement traitée par la guerre que Saint-Quentin. Ses habitants subirent la douleur de l'invasion, l'âpreté des exactions, la barbarie des représailles.

Au début de la conquête, le sous-préfet de Saint-Quentin, M. Anatole de La Forge, avait mis la cité en état de défense. Quand les Allemands arrivèrent, on s'était apprêté du mieux possible à les recevoir bravement. Des barricades avaient été dressées sur les plans fournis par des ingénieurs appartenant à l'industrie privée. Les gardes nationaux et les pompiers de la ville montaient la garde sur ces ouvrages qu'ils étaient décidés à défendre; du haut des clochers de la ville, des guetteurs veillaient jour et nuit. M. Anatole de La Forge avait réussi à communiquer à ses administrés son ardeur patriotique.

Les Prussiens arrivèrent le 8 octobre devant le faubourg de l'Isle. Aussitôt l'éveil fut donné à ses défenseurs et la sonnerie sinistre du tocsin s'envola de toutes les églises. A cet appel, gardes nationaux et pompiers sautèrent sur leurs fusils et coururent aux barricades.

Le détachement allemand qui se présentait ainsi dépendait du gouvernement de Laon. Il se composait de deux compagnies de landwehr et de 400 dragons mecklembourgeois. Les pompiers qui gardaient le faubourg de l'Isle se replièrent lentement sur la ville, donnant le temps à la garde nationale de rompre le pont du canal et de se former derrière une barricade énorme dressée en bas de la rue de l'Isle. Les Prussiens marchèrent vers la barricade en traversant le faubourg. Ils furent reçus par un feu des plus meurtriers. Les meilleurs tireurs de la ville s'étaient réunis sur le point menacé, et, rapporte M. Ernest Lavisse, ils annonçaient à leurs camarades tous les coups qui avaient porté. M. Anatole de La Forge se tenait avec eux près de la barricade. Il y fut blessé en suivant les phases du combat. A ce moment, la municipalité apprit que les Prussiens avaient allumé un incendie dans le faubourg, et fit supplier le préfet de suspendre la lutte pour éviter de plus grands malheurs. M. de La Forge, ayant pris conseil des officiers qui commandaient les défenseurs de Saint-Quentin, décida sur leur avis de résister encore une heure. Avant que ce délai se fût écoulé les Prussiens se retiraient et se vengaient de leur échec en enlevant sur leur route une dizaine de malheureux qu'ils traitèrent avec la dernière brutalité. L'un de ces captifs fut mis dans un tel état qu'un chirurgien allemand dut le panser au bord d'un fossé près du village de Ribemont (1).

Dans sa saisissante étude consacrée à l'*Invasion dans le département de l'Aisne,* M. Lavisse a décrit la vengeance avec autant de précision que de vigueur. M. Anatole de La Forge, jugeant que sa ferme contenance allait attirer la foudre sur Saint-Quentin, avait demandé, pour protéger la ville, une garnison de 10.000 hommes qui lui fut d'abord accordée, mais qui fut retirée ensuite, l'autorité militaire n'ayant pas jugé possible de résister utilement dans cette position. Le préfet, pour répondre à cette décision, donna immédiatement sa démission, et protesta contre l'abandon de Saint-Quentin qu'on allait livrer à la colère des Allemands.

Ceux-ci ne tardèrent pas à prendre leur revanche. Le colonel de Kahlden, gouverneur de Laon, se mit lui-même en campagne pour châtier la ville qui avait tenu

(1) Ernest Lavisse. *Essais sur l'Allemagne impériale.*

tête à ses soldats. Il fit rétablir par la population les ponts de l'Oise en une seule nuit. Les hommes, les femmes, les enfants durent y travailler aux lanternes, sous la menace du colonel qui ne parlait que d'exécutions militaires, d'incarcérations, d'otages et de contributions de guerre.

M. de Kahlden déploya la même énergie devant Saint-Quentin. Il annonça son approche en lançant trois obus sur la ville et il continua à envoyer de temps à autre des projectiles jusqu'au moment où l'on se décida à lui expédier en parlementaires le commandant des pompiers et un officier de la garde nationale. Le gouverneur de Laon reçut ces messieurs dans un champ, ayant à ses côtés, pour interpréte, un jeune gentilhomme flamand, le baron Berg, qui haïssait la France peut-être plus que s'il avait été Prussien.

L'interprète de M. de Kahlden répondit avec hauteur aux envoyés de Saint-Quentin que le colonel entendait traiter directement avec la municipalité et qu'elle devait se rendre auprès de lui dans le moment même, sans quoi la ville serait brûlée. Les municipaux de Saint-Quentin obéirent à l'injonction du colonel qui leur remit un ordre rédigé à l'avance, par lequel il sommait Saint-Quentin de payer 600.000 francs d'amende en châtiment d'une proclamation de M. Anatole de La Forge et d'articles du *Courrier de Saint-Quentin* exprimant des sentiments hostiles à Sa Majesté le Roi de Prusse. A cette amende de

600.000 francs s'en ajoutait une seconde de 300.000, pour punir les habitants d'avoir tiré sur une compagnie d'infanterie de landwehr et sur trois escadrons de dragons qui avaient voulu entrer dans la ville *sans aucune intention hostile*. C'était bien là une nouvelle application du système prussien qui consistait à refuser de considérer les citoyens comme belligérants dès qu'ils prenaient les armes et à les tenir comme tels dès qu'il s'agissait de les rançonner. Au moyen de ce procédé, l'état-major allemand paralysait la défense civile par la terreur, tout en traitant avec une effroyable cupidité les régions occupées sans lutte.

Dès que M. de Kalhden fut entré dans Saint-Quentin après avoir imposé ces conditions léonines, il désarma la population. Tout citoyen qui possédait des armes fut invité à les livrer dans un délai de deux heures sous peine de mort en cas de désobéissance. Tout attentat à la vie d'un militaire allemand entraînait l'exécution de six habitants. En aucun temps le vainqueur ne s'est montré aussi soucieux de la vie de ses soldats et aussi dédaigneux de la vie des particuliers les plus honorables et les plus inoffensifs.

Après avoir terrorisé la malheureuse population, le colonel de Kahlden réquisitionna, dans la soirée du 20 octobre, des voitures sur lesquelles il fit charger l'argent qui lui avait été versé et tout le butin en nature, qui se composait d'énormes quantités de sucre, de tabac et de cuir. Il partit le lendemain dès l'aube, sans tambour ni trompette, laissant comme adieu à la population une proclamation terrifiante par laquelle il menaçait la municipalité de nouvelles amendes et tout individu compromis de condamnation à la peine de mort, s'il se produisait des manifestations contre l'Allemagne ou des actes de résistance.

Après la bataille de Bapaume, les habitants de Saint-Quentin revirent l'ennemi s'installer une seconde fois dans leurs foyers. Le général comte de Lippe, commandant un détachement de troupes dépendant du gouvernement de Reims, avait occupé la ville dès que les Allemands avaient su que les Français s'étaient repliés sur le Nord. De cette région, cet officier surveillait nos mouvements dans la direction de Cambrai et du Câtelet. Mais, lorsque Faidherbe se décida à la tentative suprême qui devait aboutir à la journée de Saint-Quentin, une brigade indépendante, commandée par le colonel Isnard, fut chargée de donner le change aux Allemands. Pendant que l'Armée du Nord accomplissait son mouvement sur Amiens par Bapaume et Albert, la brigade Isnard marcha contre les troupes du comte de Lippe, chassa leurs avant-postes devant elle et entra le 16 janvier dans Saint-Quentin.

Cette expédition vigoureusement menée par le colonel

Isnard fut plus avantageuse que préjudiciable aux Allemands. Ils étaient d'une prudence extrême et leur cavalerie leur apportait les renseignements les plus minutieux. Dès que le général de Grœben fut averti de la marche de l'armée du Nord par Amiens et de la reprise de Saint-Quentin par des troupes françaises, dont il ignorait la provenance, il suivit avec une attention égale nos mouvements à Albert et à Saint-Quentin, admettant que l'un et l'autre pouvaient devenir sérieux. Ce fut ainsi que la marche en avant de la brigade Isnard, au lieu de nous masquer, révéla à l'ennemi une partie de nos intentions. Ces premiers indices furent la cause de la promptitude avec laquelle les Allemands, marchant sur les talons et le flanc de Faidherbe, purent se concentrer en aussi grand nombre et se jeter en force considérable sur sa jeune armée épuisée par les privations, les fatigues d'une marche sur le verglas et l'effort des inutiles combats d'arrière-garde de Pœuilly, Caulaincourt et Beauvois, livrés aux alentours de la localité de Vermand qui donna son nom à cette journée de souffrance et d'indécision.

III

AVANT LA BATAILLE

Les deux armées en présence. — Leur composition et leurs effectifs. — Rapidité de la concentration des forces prussiennes. — Perfection de l'état-major allemand. — Mobilité des armées allemandes. — Facilité des opérations.

Après avoir talonné si vivement Faidherbe, Grœben éprouvait la joie de l'avoir atteint, de le tenir, de le contraindre à combattre et souhaitait offrir à son souverain, dans cette ville de Saint-Quentin, « une victoire à la Sedan ».

Pendant la nuit, les Français harassés par une journée de combats et de marche avaient pris leurs positions autour de Saint-Quentin. Ils avaient le dos à la ville et formaient un demi-cercle qui allait du Sud à l'Ouest.

Le 22e corps (Lecointe), établi entre Gauchy et Grugies, veillait à la défense du Sud. Le 23e corps (Paulze

Chasseur prussien : bataillon n° 8.

d'Ivoy), renforcé de la brigade Isnard, couvrait la ville sur sa gauche au moulin de Rocourt, sa droite au village de Fayet, s'étendant du canal à la route de Cambrai, avec la division Payen à droite, la division Robin à gauche, et la brigade Isnard reliant les deux divisions.

La rapidité des événements n'avait pas laissé à nos hommes le temps d'améliorer leurs positions par la construction de quelques ouvrages de campagne. C'est à peine s'ils avaient pu prendre, pendant la nuit, quelques heures d'un repos plus que nécessaire.

Dans son ordre d'armée pour la grande journée qui se préparait, Grœben déclarait, avec une impatiente ardeur, qu'il fallait terminer la guerre d'un seul coup. Cependant, redoutant encore que son adversaire ne parvînt à se dérober au dernier moment, il concluait par ces lignes caractéristiques :

« Dans le cas où l'ennemi n'attendrait pas notre attaque, on le poursuivrait énergiquement en employant la totalité de nos forces. L'expérience a appris, en effet, que, contre des troupes si faiblement organisées, c'est moins par le combat lui-même que par le profit que l'on sait en tirer que l'on obtient les plus grands résultats ».

Le plan du général allemand était donc de déborder notre extrême gauche au Sud, et notre extrême droite au Nord-Nord-Ouest, de nous refouler en même temps dans Saint-Quentin par un effort général et de nous enlever toute possibilité de gagner la région du Nord ou de l'Est par les routes de Cambrai, de Bohain, du Câteau et de Guise.

Tirant de Rouen, du gouvernement de Reims, de l'Armée de la Meuse et de l'Armée de Paris toutes les ressources momentanément disponibles, le général de Grœben avait amené ces forces imposantes autour de Saint-Quentin, avec la ferme conviction d'écraser l'Armée du

Chasseur saxon : bataillon n° 12.

Nord, de l'envelopper et de la faire entièrement prisonnière.

A l'Ouest, le général-lieutenant de Kummer devait s'avancer avec toutes ses forces et son artillerie par les routes de Vermand et d'Étreillers. Son objectif était de tout culbuter devant lui, de tourner Saint-Quentin et de s'en emparer, tandis que le général de Grœben devait s'étendre sur sa gauche jusqu'à la route de Cambrai.

Au sud, le général-lieutenant baron de Barnekow avait ordre de marcher sur Saint-Quentin avec la 16e division d'infanterie et la division Prince-Albrecht le long de la voie de fer et par la route d'Espagny-le-Grand, tandis que la division du général comte de Lippe, renforcée de la 16e brigade d'infanterie, avait à opérer une attaque parallèle par la route de La Fère, en cherchant à tourner notre gauche.

Enfin, le général en chef devait assurer les communications entre ces deux fractions de l'armée qui combattaient l'une au Sud et l'autre à l'Ouest, en s'avançant de Ham sur Roupy, avec la réserve placée sous les ordres du colonel de Bocking.

Voici, d'après les documents officiels allemands la répartition des troupes de l'armée du général de Grœben à la bataille de Saint-Quentin :

AILE GAUCHE DE L'ARMÉE.

Commandant : général-lieutenant DE KUMMER.

Détachement du général-lieutenant comte DE GRŒBEN.

Brigade de cavalerie combinée : général-major comte DOHNA.

Régiment de cuirassiers n° 8.
1 Escadron du régiment de uhlans n° 5.
2 Escadrons — n° 14.
2 pièces d'artillerie à cheval de la 12e division de cavalerie.

DIVISION D'INFANTERIE
COMBINÉE DU 1er CORPS D'ARMÉE.

Commandants de brigade : colonel DE MASSOW, général-major DE GAYL.

Régiment de grenadiers n° 4.
Régiment d'infanterie n° 44.
2e Bataillon et bataillon de fusiliers du régiment Prince-Royal, n° 1.
3 Escadrons du régiment de uhlans n° 7.
2 — — n° 5.
2 — — n° 14.
2 batteries de la 2e division d'artillerie à pied du 1er corps.
2 — 3e —
4 pièces d'artillerie à cheval de la 3e division de cavalerie.

15e DIVISION D'INFANTERIE

29e *Brigade :* colonel DE BOCK.

Régiment d'infanterie n° 5.
1er et 3e bataillon du régiment de Fusiliers n° 33.

30e *brigade :* général-major DE STRUBBERG.

Régiment d'infanterie n° 28.
— — n° 68.
Bataillon de Chasseurs n° 8.
Régiment de Hussards du Roi n° 7.
1re division d'artillerie à pied du 8e corps.
Artillerie de corps — — —

AILE DROITE.

Commandant : général-lieutenant baron DE BARNEKOW.

3e DIVISION DE RÉSERVE.

Commandant : général-lieutenant Prince ALBRECHT (fils).

Brigade d'infanterie combinée.

Commandant : colonel de GŒBEN.

Régiment d'infanterie n° 19.
1er Bataillon et bataillon de fusiliers du régiment d'infanterie n° 81.
3 Batteries de la 3e division de réserve.
3 Escadrons du régiment des Hussards de la Garde.
2 — — Uhlans de la Garde.

16e DIVISION D'INFANTERIE.

31e *Brigade d'Infanterie.*

Commandant : colonel de ROSENZWEIG.

Régiment d'infanterie n° 29.
2 Bataillons du régiment d'infanterie n° 69.

32e *Brigade d'Infanterie.*

Commandant : colonel DE HERTZBERG.

Régiment de fusiliers n° 40.
La moitié du 1er Bataillon et Bataillon de fusiliers du régiment d'infanterie n° 70.
3 Escadrons du régiment de Hussards n° 9.

Brigade de cavalerie de réserve.

Commandant : général-major DE STRANTZ.

Régiment de dragons n° 1.
2 Escadrons du régiment de Hussards n° 3.
3e Division d'artillerie à pied du 8e corps d'armée.

12e DIVISION DE CAVALERIE (SAXONNE).

Commandant : général-lieutenant comte de LIPPE.

2e Bataillon du régiment d'infanterie n° 86.
Bataillon de chasseurs n° 12.
Régiment de reîtres de la Garde.
— uhlans n° 17.
— — n° 18.
2e Batteries d'artillerie à cheval du 12e corps d'armée.

RÉSERVE DE L'ARMÉE.

Commandant : colonel de BOCKING.

Régiment d'Infanterie n° 41.
3e Batterie légère et 3e batterie lourde du 1er corps d'armée.
1er Escadrons du régiment de Hussards n° 9.
2 — — — Uhlans de la Garde n° 2.

Le major von Schell évalue ainsi les forces de l'armée allemande : 23.400 hommes d'infanterie en 38 bataillons, 6.200 chevaux en 48 escadrons, et 161 pièces de canons.

Selon l'estimation du même major, la force totale de l'infanterie des 22e et 23e corps français opposés à ces troupes aurait été de 48.000 hommes, sans compter la brigade Isnard et la brigade Pauly; mais cette évaluation semble plus flatteuse pour la valeur allemande que véridique.

Cavalerie saxonne : Reître de la garde.

Les marches épouvantables accomplies par l'Armée du Nord et les combats qu'elle venait de soutenir avaient fondu ses effectifs. Dans ses mouvements précédents et à la suite des rencontres avec l'ennemi, elle avait toujours semé derrière elle des masses de traînards qui ne la rejoignaient que plus tard en très fortes proportions. Les choses venaient de se passer de même pendant les préliminaires de la bataille de Saint-Quentin.

Les militaires français sont d'ailleurs fort loin d'admettre la manière de compter du major von Schell et il faut reconnaître que toutes les forces dont disposa Faidherbe, le 19 janvier, devaient former environ un total de 30 à 35.000 hommes. Par conséquent, les Allemands ne peuvent pas se vanter d'avoir triomphé du nombre. Ils combattaient dans d'excellentes conditions, dans des conditions d'autant meilleures que Faidherbe ne faisait guère état de la division de mobilisés Robin et ne pouvait davantage compter sur la brigade Pauly qui arrivait de Cambrai, armée de vieux fusils à piston transformés dont l'effet ne pouvait être bien terrible entre les mains de tireurs inexpérimentés.

Au surplus, la disposition exacte de l'armée du Nord, en regard de celle de l'armée de Grœben, est la plus judicieuse des répliques.

COMPOSITION DE L'ARMÉE DU NORD AU MOMENT DE LA BATAILLE DE SAINT-QUENTIN.

22e CORPS.

Commandant : général Lecointe.

DIVISION DERROJA

1re *Brigade :* colonel Aynès.

2e Bataillon de chasseurs de marche.
1er et 2e Bataillons de marche du 75e de ligne.
1er Bataillon — 65e —
1er, 2e et 3e Bataillons de marche du 67e de ligne.
5e, 6e et 7e Bataillons des gardes mobiles du Pas-de-Calais.

2e *Brigade :* colonel Pittié.

17e Bataillon de chasseurs de marche.
1er et 2e Bataillons de marche du 24e de ligne.
1er Bataillon de marche du 64e de ligne.
1er, 2e et 3e — — du 68e —
1er, 2e et 3e — du 46e régiment de gardes mobiles (Nord).

DIVISION DU BESSOL.

1re *Brigade :* colonel de Brouar.

20e Bataillon de chasseurs.
1er et 2e Bataillon du 43e de ligne.
1er Bataillon d'infanterie de marine.
1er, 2e et 3e Bataillons de marche du 69e de ligne.
2e, 3e et 3e *bis* Bataillons de gardes mobiles du Gard.
3e Bataillon du 44e Régiment des gardes mobiles.

2e *Brigade :* Lieutenant-colonel de Gislain.

18e Bataillon de chasseurs de marche.
1er et 2e Bataillons du 91e de ligne.
1er Bataillon 33e —
4e et 4e *bis* Bataillon de gardes mobiles de la Somme.
2e Bataillon des gardes mobiles de la Marne.

23e CORPS D'ARMÉE.

Commandant : général Paulze d'Ivoy.

DIVISION PAYEN.

1re *Brigade :* Lieutenant-colonel Michelet.

19e Bataillon de chasseurs de marche.
1er, 2e et 3e Bataillons de fusiliers marins (matelots).
7e, 8e et 9e — du 48e Régiment de gardes mobiles (Nord).

2e *Brigade :* colonel de la Grange (capitaine de frégate).

1er Bataillon de mobilisés du Pas-de-Calais.
4e, 5e et 6e Bataillon du 47e Régiment de gardes mobiles (Nord).
10e, 11e et 12e bataillons du 48e régiment de gardes mobiles (Nord).

DIVISION ROBIN.

1re *Brigade :* colonel Brusley.

1er Bataillon de Voltigeurs.
2e Régiment de marche.
3e — —

2e *Brigade :* colonel Amos.

4e Bataillon de la 5e Légion.
3e Régiment de marche.
4e — —

En comptant par bataillons, escadrons et batteries, on arrive donc à établir les proportions suivantes :

Allemands.	Français.
38 Bataillons.................	68 Bataillons.
48 Escadrons....	4 Escadrons.
27 Batteries.................	15 Batteries.

Il faut ajouter à ces effectifs français, pour ne rien omettre, l'apport des brigades Isnard et Pauly : c'est-à-dire 12 à 15 bataillons.

Cette nomenclature démontre irréfutablement que l'armée française ne pouvait pas compter sur la supériorité du nombre pour repousser les Allemands, pourvus d'une excellente cavalerie et d'une artillerie formidable. Mais la concentration si rapide des forces allemandes autour de Saint-Quentin donne une parfaite idée du merveilleux mécanisme de l'armée prussienne et de son étonnante cilité à se d isloquer ou se reconstituer selon les nécessités de la guerre. Dès lors, on voit l'avantage des lieutenants du maréchal de Moltke sur nos commandants d'armée, l'unité du plan, la liberté laissée dans l'exécution, la facilité de tirer de tous côtés des renforts, l'harmonie et la bonne intelligence des chefs de corps obéissant docilement à la volonté supérieure du généralissime et se prêtant aide et secours pour la réussite finale.

Faidherbe, au contraire, tentait sa dernière bataille, livré à ses uniques ressources, à sa seule initiative, contre une armée fortement organisée, fortement dirigée et appuyée de toutes les ressources disponibles de l'invasion.

IV

BATAILLE DE SAINT-QUENTIN

Plan général de l'attaque de Saint-Quentin. — Opérations de l'aile droite et de l'aile gauche de l'armée allemande. — Résistance énergique de l'aile gauche française (22e corps). — Le général du Bessol et le colonel Aynès sont gravement blessés. — Le commandant Tramond au faubourg de l'Isle. — Comment la route de Cambrai demeura libre.

Le thème de la bataille, il faut le répéter, avait pour les Allemands un triple but : refouler les Français dans Saint-Quentin en les chassant devant soi, tourner leur aile gauche pour leur couper toute voie de retraite vers l'Est, envelopper leur aile droite pour s'emparer du réseau de routes qui, de Saint-Quentin, se dirigent vers le Nord.

Pour exécuter ces opérations, le général baron de Barnekow, commandant l'aile droite prussienne, agissait au Sud, par la route d'Essigny-le-Grand, concurremment avec le général comte de Lippe qui l'appuyait plus à droite vers la route de la Fère. A l'Ouest, les opérations étaient conduites par le général de Kummer flanqué sur son extrême gauche par le général de Grœben, dont la cavalerie s'efforçait d'intercepter la route de Cambrai.

L'armée allemande, bien que divisée en deux tronçons que reliaient uniquement les troupes de réserve du colonel de Bocking, dessina son mouvement d'attaque avec un ensemble remarquable.

A 8 heures du matin, le général Barnekow avait dirigé, de Lizerolles sur Essigny-le-Grand, une forte avant-garde composée du régiment de hussards n° 9, de la brigade Rosenzweig, de deux batteries et de la brigade de cavalerie de Strantz, faisant suivre cette avant-garde de la brigade colonel de Hertzberg et de la division de réserve Prince Albrecht (fils). En même temps, le 2e bataillon du régiment n° 29 marchait de Castres sur Grugies, tandis que le lieutenant-colonel de Hymmen, détaché de la division Prince Albrecht, avait mission d'enlever le Grand-Séraucourt avec le régiment des hussards de la garde, le 1er bataillon du régiment n° 19, le bataillon de fusiliers du Régiment n° 81 et une batterie d'artillerie légère. Par cette opération, les communications de l'aile droite allaient être assurées avec le quartier général.

L'avant-garde dépassa Essigny-le-Grand qui était inoccupé et le détachement de Hymmen occupa Grand-Séraucourt. Les deux batteries de l'avant-garde du général de Barnekow ouvrirent aussitôt leur feu sur l'infanterie française qui s'avançait à l'est de Gauchy.

Le moulin à Tout-Vent.

Les avant-postes de la 2e brigade de la division du Bessol avaient été les premiers attaqués en avant de Castres. Le chef de cette brigade, le lieutenant-colonel de Gislain, étudiait en ce moment le terrain avec ses officiers d'ordonnance et faillit être enlevé par les cavaliers allemands.

La division du Bessol, solidement établie à Grugies, avait du monde dans la direction sud-ouest jusqu'à Contescourt. Les feux de la batterie Collignon, qui tirait du *Moulin à Tout-Vent*, et le tir de nouvelles batteries qui ne tardèrent pas à prendre part à la lutte indiquèrent au général de Barnekow que la clef des positions françaises était le village de Grugies.

Dès lors, le combat redoubla d'intensité. Le général de Barnekow lança du Grand-Séraucourt le détachement de Hymmen sur Grugies, ainsi que la brigade de Rosenzweig qui était parvenue déjà au nord d'Essigny-le-Grand.

Plus à droite, l'attaque sur l'aile gauche française se prolongeait par l'entrée en ligne de la division du comte de Lippe. Le colonel de Carlowitz, à la tête de l'avant-garde de ce corps, était arrivé à 11 heures au *Cornet d'Or* (route de La Fère) avec le régiment des reîtres de la Garde, deux compagnies du bataillon de chasseurs n° 12 et deux pièces de canon. Ce mouvement menaçait donc les points stratégiques d'Itancourt et de la Neuville-Saint-Amand.

De ce côté se trouvaient les meilleures troupes de l'Armée du Nord, conduites par des chefs énergiques.

Leur résistance fut acharnée, officiers et soldats connaissant tous l'importance de la journée.

Une pluie fine voilait l'horizon et rendait le tir de l'artillerie extrêmement difficile et chanceux. Le 2e bataillon du régiment n° 69 de la brigade Rosenzweig s'élança sur Grugies et fut arrêté, près de la voie ferrée, par les Français qui s'étaient fortifiés dans la fabrique de sucre. Ce bataillon attaqua quatre fois la fabrique ; quatre fois il fut repoussé. Le combat s'étendit alors de Contescourt jusqu'à l'est de la voie ferrée ; mais, malgré les plus grands efforts, les Allemands ne purent nous déloger ni de Contescourt, ni de la fabrique. En cette phase de la lutte, l'arrivée de la division du comte de Lippe avait nécessité un prolongement de front de l'armée française sur son aile gauche. La brigade Aynès, accourue en toute hâte de Saint-Quentin, s'étendit tout d'abord jusqu'à la route de La Fère.

A ce moment, les progrès de l'aile droite allemande, avaient été presque complètement paralysés par l'excellence de notre tir et par la belle tenue des défenseurs de la fabrique de sucre. Par contre, notre résistance sur le flanc ouest de Saint-Quentin avait été beaucoup moins sérieuse.

L'aile gauche allemande avait fait de réels progrès. La brigade Strubberg, sans s'être engagée à fond, nous disputait les petits bois qui se trouvent à peu de distance de Savy. Le lieutenant-colonel de Pestel, à la tête de l'avant-garde de la division d'infanterie combinée du Ier corps, avait poussé sur Vermand, ramassé une centaine de traînards, rejeté les troupes françaises qui défendaient les bois, occupé ensuite Holnon et une partie du village de Sélency. En même temps, le général comte de Grœben avait dirigé la brigade de cavalerie comte Dohna dans la direction de Bellenglise et de Gricourt, afin de menacer la route de Cambrai.

Vers midi, le mouvement concentrique de l'armée allemande était parfaitement dessiné. A l'aile droite, le général baron de Barnekow avait très vivement combattu sans obtenir de résultats appréciables; mais l'aile gauche prussienne, à peine engagée, avait pu réaliser un progrès qui devenait déjà menaçant pour notre flanc droit et pour notre ligne de retraite.

Bien que la division du Bessol fut privée de son chef, grièvement blessé en indiquant l'emplacement d'une batterie, elle continuait à défendre le terrain pied à pied, entre Castres, Grugies, et la fabrique de sucre. La brigade de Rosenzweig renouvela vainement ses attaques de la matinée. Les trois bataillons de cette brigade employés sur ce point se replièrent bientôt, momentanément, pour remplacer leurs cartouches qu'une fusillade des plus nourries avait rapidement épuisées.

Les renforts que venait d'amener de Grand-Séraucourt le colonel de Bocking, commandant la réserve, allaient néanmoins améliorer la situation du baron de Barnekow. Le colonel de Bocking s'était avancé au sud-est de Contescourt, qui fut évacué à son approche, et s'empara de Castres d'où les Français se retirèrent sur les hauteurs de Giffécourt, en s'entêtant toutefois à ne pas abandonner la position de la fabrique de sucre.

A la suite de ce pas en avant, les Allemands appuyèrent fortement leur infanterie par du canon. Cinq batteries tonnèrent sans interruption sur une ligne allant du canal au chemin de fer. Bientôt, remarquant que les Français semblaient vouloir abandonner Giffécourt, le colonel de Bocking fit attaquer cette position et l'emporta.

Malgré les progrès de l'attaque et la prise de Giffécourt, rien de décisif n'avait été obtenu. Vers deux heures, les troupes de la brigade de Hertzberg, qui venaient de se heurter inutilement contre la fabrique de sucre, devaient reculer à leur tour devant un retour offensif des Français.

A deux heures et demie la bataille gardait toujours son caractère d'indécision et de violence devant Grugies, quand le général baron de Barnekow, qui surveillait les opérations sur sa droite, constata que le feu de notre artillerie perdait notablement de sa force.

En effet, des événements d'une extrême gravité s'étaient passés sur le prolongement de notre aile gauche qu'il avait fallu considérablement étendre pour couvrir le flanc est-sud-est de Saint-Quentin.

Les troupes de la division du général comte de Lippe s'étaient rencontrées sur la route de La Fère avec celles de la brigade Aynès. Le lieutenant-colonel Aynès avait été blessé et sa brigade, menacée d'être débordée par la Neuville-Saint-Amand, recula jusqu'aux premières maisons du faubourg de l'Isle. Le 68e de marche de la brigade Pittié accourut au secours de la brigade Aynès en si grand péril et le commandant Tramond, un de nos officiers les plus énergiques et sur lequel l'armée avait fondé tant d'espoir, reconduisit rudement l'ennemi par une héroïque charge à la baïonnette. L'artillerie allemande à cheval essaya de balayer le terrain que nous venions de reconquérir; elle eut tellement à souffrir du feu de nos batteries de Gauchy qu'elle abandonna la partie. Le colonel de Carlowitz essaya alors une attaque de flanc à la tête du régiment des Reîtres de la garde appuyés des deux pièces de l'artillerie à cheval; mais cette troupe d'élite fut reçue si vigoureusement par nos soldats retranchés dans les fermes voisines du faubourg de l'Isle qu'elle tourna bride précipitamment.

Il était environ trois heures à cet instant. Si la division comte de Lippe avait gagné du terrain sur notre extrême-gauche, le général baron de Barnekow n'avait pu avancer qu'avec lenteur, au prix des plus lourds sacrifices, et sans réussir à nous déloger ni de la fabrique de sucre, ni de la position de Grugies.

A leur aile gauche, les Allemands avaient ralenti leur attaque pour mieux coordonner leurs mouvements et pour remplacer les munitions de l'artillerie du général de Kummer ; bientôt, ils furent en état de marcher de nouveau d'ensemble. La 15e division d'infanterie réussit au prix de grands efforts à demeurer maîtresse des bois de Savy et soutint ensuite une lutte acharnée contre les brigades Isnard et la Grange, tandis que la brigade de Bock s'emparait du bois planté au sud d'Holnon. Le bataillon de fusiliers et un détachement du 2e bataillon du régiment Prince Royal n° 1 enlevèrent Francilly où ils firent un grand nombre de prisonniers. Plus à gauche, un détachement du régiment n° 44 pénétrait dans le village de Fayet et en occupait une partie.

L'approche des Allemands sur Saint-Quentin par Selency et Francilly et leur mouvement sur Fayet, par lequel ils menaçaient la route de Cambrai, avaient attiré l'attention de Faidherbe. Il fit nettoyer immédiatement Fayet par la 1re brigade de la division Payen, tandis que la brigade Pauly, marchant au canon, arrivait de Bellicourt et venait couvrir la route de Cambrai. Le déploiement de ces troupes et la fermeté de leur marche intimida les Allemands, bien que leur mouvement sur notre droite se prolongeât fort utilement par l'arrivée de la brigade de cavalerie comte Dohna à Fresnoy-le-Petit. Cette intervention de la brigade Pauly devait avoir des conséquences encore plus heureuses pour l'issue de la journée.

Les opérations du général baron de Barnekow, à l'aile droite, et celles du général de Kummer, à l'aile gauche, avaient été très solidement reliées par une colonne centrale agissant sous les yeux mêmes du général en chef sur la route de Roupy-Saint-Quentin. Le rôle de la réserve de Bocking a été précédemment expliqué. A cette réserve de Bocking, lancée à l'attaque de Grugies, succéda le détachement Bronikowski. Le major de Bronikowski avait suivi la route de Roupy-Saint-Quentin (route de Paris), enlevé une ferme sur la hauteur qui court de Savy à Fontaine-aux-Clercs et maintenu ainsi les relations de l'aile droite et de l'aile gauche prussiennes. De la ferme, le major poursuivit sa route et enleva l'Épine de Dallon, commandant ainsi Dallon et la vallée de la Somme. La prise du hameau de l'Épine de Dallon, qui concordait pour les Allemands avec l'attaque de Francilly, resserrait le cercle de fer dans lequel ils cherchaient à envelopper Saint-Quentin et l'armée française.

Sans notre retour offensif à Fayet, sans l'arrivée par

Gricourt des mobilisés du Pas-de-Calais de la brigade Pauly, le général de Grœben n'eût pas hésité à lancer toute son aile gauche sur notre flanc ouest et sur la route de Cambrai. Si ce mouvement avait été exécuté, il est

Le commandant Richard à la bataille de Saint-Quentin.

probable que le 23e corps n'eût pu soutenir un tel choc. C'était alors Saint-Quentin pris d'assaut, la retraite par la route de Cambrai coupée, les soldats de du Bessol et de Derroja placés entre le feu des troupes de Barnekow et des soldats victorieux de Kummer. Mais, trompé par la vigueur du retour offensif de la brigade Payen et supposant que les Français marchaient avec un si bel entrain parce qu'ils connaissaient l'arrivée de puissants renforts, le général de Grœben craignit de voir son aile gauche déborder vers Gricourt et ralentit sur toute sa ligne le mouvement en avant jusqu'à ce que des précautions efficaces eussent été prises contre les troupes françaises nouvellement arrivées sur le champ de bataille.

Fayet fut énergiquement canonné. La brigade de cavalerie comte Dohna et la cavalerie de la division combinée du Ier corps d'armée, prêtes à charger, observèrent attentivement notre attaque ; toute l'infanterie disponible fut massée de façon à protéger le flanc de l'aile gauche que le général en chef croyait en danger.

Ces précautions prises, toute la gauche prussienne reprit sa marche en avant, se dirigeant sur la ligne Fayet-Saint-Quentin. Le général de Kummer, exécutant un mouvement analogue à celui du major de Bronikowski, attaqua avec la 15e division d'infanterie la hauteur dont les crêtes courent de Francilly à l'Épine de Dallon. Appuyées à droite et à gauche par trois batteries divisionnaires et par trois batteries à pied d'artillerie de corps, les troupes de la 15e division longeaient la route de Saint-Quentin-Savy et la flanquaient au nord et au sud, une partie de la brigade Strubberg formant réserve un peu en arrière. Tandis que le major de Bronikowski s'emparait successivement des hauteurs d'Œstre et de Rocourt, le général de Kummer, progressant toujours, arrivait à un moulin au sud-est de Francilly d'où son artillerie poursuivit de ses boulets, jusqu'à la nuit, les détachements français en retraite.

Plus à gauche, les Allemands avaient obtenu même succès. Le feu de 26 pièces tonnant sur Gricourt et Fayet arrêta le mouvement en avant des brigades Pauly et Payen. Lorsque le général de Grœben ordonna à la tombée de la nuit l'attaque de Fayet livré aux flammes, son infanterie, qui avait regagné sous la protection de cette puissante artillerie la plus grande part du terrain qu'elle avait perdu, trouva le village abandonné. Les 1er et 2e bataillons du régiment n° 4 et le 2e bataillon du régiment n° 44 occupèrent Fayet et s'apprêtèrent à y coucher.

La nuit qui avait arrêté la marche du général de Grœben suspendit également celle du général de Kummer et du major de Bronikowski.

Le premier se borna à expédier sur Saint-Quentin le 2e bataillon du régiment N° 68, un demi-bataillon du régiment N° 33 et un escadron du régiment de hussards N° 7. Le second, après avoir repoussé plusieurs tentatives des défenseurs du faubourg de Saint-Martin contre Rocourt, s'avança jusqu'aux premières maisons de ce faubourg. Le chef de bataillon du génie Richard y avait fait élever de fortes barricades qui furent vaillamment défendues. Finalement, enveloppé par les Prussiens, le commandant Richard ne réussit à se dégager et à s'enfuir qu'en faisant usage de son revolver.

Pendant que les Allemands occupaient Fayet et parvenaient sur le flanc ouest de Saint-Quentin, le 23e corps mettant aussi à profit l'obscurité de la nuit battait précipitamment en retraite vers Cambrai.

Dès l'instant où le détachement Bronikowski avait occupé le poste de l'Épine de Dallon, le général de Grœben avait pu, de ce poste, suivre de ses propres yeux le mouvement de l'aile droite de son armée.

Cette droite s'était ressentie cruellement de la qualité des troupes du 22e corps, bien supérieures à celles du 23e. Nos mobiles avaient rivalisé d'ardeur avec la ligne et nos jeunes soldats avaient fait la belle résistance que l'on sait à Contescourt, à Castres, à la fabrique de sucre, à Giffécourt et à Grugies. Officiers et soldats du corps Lecointe avaient payé de leurs personnes : les blessures de du Bessol et de l'intrépide Aynès l'attestaient. Tout cet épisode de la bataille de Saint-Quentin est la preuve manifeste de la fermeté et du patriotisme de l'Armée du Nord et c'est avec un sentiment de tristesse profonde qu'il faut songer que tout ce dévouement et ce courage ne pouvaient ni arrêter ni modifier la fatalité des événements.

Charge de la brigade de Strantz. (Page 251.)

Le général de Barnekow n'avait pas besoin des nouvelles envoyées par le comte de Lippe pour être stimulé, et il avait préparé avec la plus grande vigueur son attaque sur Grugies, dès qu'il vit clairement que la victoire était là.

Il avait donné l'ordre à la division de réserve Prince Albrecht et à la brigade de Rosenzweig de marcher vivement sur cette position décisive, quand il eut lui-même à repousser l'offensive des Français. Le colonel de Hertzberg ayant été ramené en arrière, le baron de Barnekow accourut en personne d'Urvilliers d'où il appela à son aide la brigade de cavalerie de Strantz.

De la hauteur située entre la fabrique de sucre et la chaussée, les tirailleurs français embusqués derrière des tas de betteraves dirigeaient sur les Allemands un feu terrible. Rassemblant toute l'infanterie qui se trouvait sous sa main, le général de Barnekow la lança à l'attaque de cette hauteur et fit appuyer cet assaut par un mouvement de la brigade de Strantz. Cette cavalerie, ayant contourné la hauteur, put prendre à revers nos fantassins et son chef nous chargea à la tête de deux escadrons du régiment de dragons N° 1. Le général baron de Barnekow, qui se prodiguait pour enlever ses hommes, eut son cheval blessé sous lui. Les difficultés que le terrain offrait à la marche de la cavalerie permirent à nos soldats d'échapper par la fuite à une perte certaine et de se réfugier sur les hauteurs de Gauchy. Néanmoins, les Allemands firent plus de 400 prisonniers dans cette seule affaire.

Le commandant de l'aile droite prussienne, mettant à profit son succès, lança à la poursuite de notre infanterie la brigade de Hertzberg et les dragons et hussards du général de Strantz, sans se laisser arrêter par la nuit qui tombait. Désireux de pousser jusqu'au bout l'avantage obtenu, il prescrivit au colonel de Hertzberg et au général de Strantz de s'engager vivement à la suite des Français jusque dans le faubourg de l'Isle.

Après tant d'efforts énergiques, la fortune des armes souriait au baron de Barnekow en cette fin de bataille. Toutes ses troupes, ramenées en avant, combinaient leur action et pressaient de près les Français. Entamé dans ses positions, épuisé par sa résistance désespérée, le corps Lecointe avait à combattre, en ce moment suprême, la brigage de Rosenzweig qui venait de refaire ses munitions, la brigade de Gœben et le détachement de Bocking. L'opération décisive qui nous avait fait perdre la hauteur à l'est de la fabrique de sucre avait permis à l'ennemi d'enfoncer un coin dans notre front et ce fut comme l'effet d'une pesée irrésistible. La brigade combinée de Gœben trouva évacué ce village de Grugies où nous avions fait une si belle résistance, et la fabrique de sucre devint intenable pour nous. Sept compagnies d'infanterie allemande l'occupèrent immédiatement. Il ne nous fut pas possible, non plus, de nous maintenir sur les hauteurs de Gauchy et nos troupes, tout en tiraillant, se replièrent sur le faubourg de l'Isle. Le lieutenant-colonel de Hüllessem occupa à cinq heures un quart la gare de Saint-Quentin et put, quelques instants après, franchir le pont du canal qui relie le faubourg à la ville, tout en ramassant dans ce trajet un grand nombre de prisonniers.

A la suite des troupes du lieutenant-colonel de Hüllessem, les brigades Hertzberg, de Gœben, de Rosenzweig étaient entrées à leur tour dans le faubourg de l'Isle; le général baron de Barnekow marchait avec l'avant-garde de la brigade de Hertzberg. Les Allemands commencèrent alors dans les rues de la ville la poursuite des soldats français qui s'y étaient attardés.

Le commandant de l'aile droite avait avisé de Saint-Quentin le général comte de Lippe de sa situation et celui-ci s'était appliqué à compléter la victoire; mais, fort heureusement, ses efforts n'aboutirent pas, grâce aux dernières mesures prises par le général Lecointe.

Le chef du 22e corps avait fait occuper Harly et Homblières, puis installé du canon, entre ces deux villages, sur la hauteur de Bellevue. Le tir de notre artillerie arrêta la marche du comte de Lippe et l'empêcha de réaliser son dessein de prendre en flanc notre aile gauche pour la rejeter dans Saint-Quentin.

Le soir même de la bataille, le général de Grœben avait télégraphié au grand quartier général de Versailles que les Français étaient en déroute et que les troupes du baron de Barnekow avaient occupé Saint-Quentin.

On ne pouvait refuser aux Allemands de reconnaître qu'ils s'étaient bien battus. Ils étaient loin cependant d'avoir tiré de cette journée le parti qu'ils en espéraient. Grœben qui avait battu Faidherbe n'avait pas terminé la guerre d'un seul coup, ainsi qu'il s'était vanté de le faire. Le filet qu'il avait tendu pour envelopper son adversaire ne s'était pas fermé assez vite et l'Armée du Nord lui avait échappé une fois de plus.

V

DE SAINT-QUENTIN A CAMBRAI

La nuit de la bataille à Saint-Quentin. — Les soldats sans chaussures. — La cohue. — Tentatives de ralliement. — Démoralisation des villages sur le passage de l'Armée du Nord. — Mollesse de la poursuite.

En cette nuit de terreur et de carnage, les habitants de Saint-Quentin, si cruellement éprouvés déjà, furent en proie à toutes les horreurs de la déroute. Les rues regorgeaient de fuyards, souillés de boue, couverts de sang, noirs de poudre. Les corps se débandaient en rentrant dans la ville. On ne comptait plus les hommes qui s'arrêtaient, incapables d'aller plus loin, les pieds nus et blessés, car le gouvernement avait pu organiser la résistance, mais il n'avait pas pu *organiser la chaussure*. Le patriotisme de Gambetta avait été assez puissant pour obtenir de l'aristocratie, de la bourgeoisie et du peuple des légions de combattants ; il n'avait pu obtenir du plus grand nombre de fournisseurs de l'armée un peu de pudeur et d'honnêteté. Sous la menace de l'occupation prussienne, les malheureux habitants de Saint-Quentin purent constater qu'il y avait d'autres voleurs en France que les Allemands et qu'il se rencontrait des hommes capables de s'enrichir des souffrances et de la misère de ceux qui dévouaient leur existence à la défense du sol natal. Dans ses *Éphémérides de l'Aisne,* M. Fleury a constaté que beaucoup de soldats ne portaient que des sabots, que certains étaient chaussés d'un soulier et d'un sabot, que d'autres, encore plus mal partagés, n'avaient même plus l'apparence d'une chaussure. Et, cependant, des cours martiales fonctionnèrent pendant la guerre, mais pour ne condamner que des poltrons et laisser en repos les traîtres!

Les Allemands tiraient sur la ville. Des obus tombaient sur les maisons et dans les rues encombrées d'artillerie et d'équipages. On entendait la fusillade crépiter sur les barricades qui défendaient l'entrée du faubourg Saint-Martin et du faubourg de l'Isle. Des attelages se cabraient. Des voitures étaient brisées. Les maisons s'ouvraient pour recevoir de pauvres êtres mourant de faim, exténués de fatigue, héros de la journée qui, n'espérant plus rien, étaient prêts à tout subir pour boire un verre de vin, manger un morceau, s'étendre et dormir.

Le général Paulze-d'Ivoy, avec son état-major, n'avait

pu échapper à l'ennemi qu'en fuyant à travers les jardins, guidé par des habitants du faubourg Saint-Martin. Faidherbe lui-même, sur un cheval épuisé de fatigue, avait dirigé la retraite de la place de Saint-Quentin.

Après toutes les fatigues de la bataille jointes à celles des journées précédentes, l'Armée du Nord devait marcher encore. Marcher toute la nuit! Elle fuyait par les routes de Cambrai, de Bohain et du Câteau. Ceux qui avaient la force de réfléchir encore se demandaient comment ces issues pouvaient être restées libres, comment les Prussiens avaient pu laisser ouverte la route de Cambrai et ne tombaient pas sur cette multitude exténuée qui suivait les chemins du Nord en semant des hommes, des armes, des bagages, à tous les carrefours et dans tous les fossés, et qui se serait laissé sabrer sans résistance. Des officiers, des sous-officiers, de fermeté inébranlable, s'arrêtaient devant les fermes, à l'entrée des villages et des hameaux. Dans la nuit froide et ténébreuse, ils appelaient les numéros du bataillon et du régiment auquel ils appartenaient, essayant de rallier quelques hommes à leur voix et de réorganiser la retraite, tout en fuyant. Des cris semblables répondaient à ces appels. Des hommes se détachaient de l'immense ruban qui grouillait sur la chaussée et venaient se ranger à côté d'eux, le dos voûté sous le sac. Le plus grand nombre marchait toujours sans s'arrêter, n'ayant conservé ni fusil, ni bagages, ne pensant qu'à échapper aux Allemands. On attendait leur arrivée du côté de la route de Cambrai, et rien ne couvrait notre flanc : pas une patrouille, pas un cavalier.

Les Français avaient eu pour toute tactique pendant cette journée de se battre jusqu'à la dernière extrémité, et, quand la résistance était devenue impossible, le gros de l'armée avait fui par les routes du Nord que l'arrivée si heureuse de la brigade Pauly avait miraculeusement préservées des incursions de la cavalerie du comte de Dohna. L'unique précaution prise pour protéger la retraite avait été la défense de Bellevue par le général Lecointe, à l'est de Saint-Quentin, défense qui avait arrêté en temps utile la marche du comte de Lippe.

Le général de Grœben, qui avait parlé si haut de finir la guerre d'un seul coup, n'aurait point eu besoin d'enfermer dans Saint-Quentin l'Armée du Nord. Pour exécuter son dessein, il n'aurait eu qu'à lancer, la nuit même, ses cavaliers, son artillerie légère, ses bataillons de chasseurs à pied sur nos infortunés fuyards que rien ne protégeait plus.

Mais les Allemands, qui avaient craint d'être débordés sur leur aile gauche par l'entrée en bataille de la brigade Pauly, n'avaient pas été rendus plus hardis par la victoire et s'étaient fort peu souciés de poursuivre les

Français. Leurs soldats accablés de lassitude exigeaient une nuit de repos et certains corps retournèrent paisiblement se coucher dans leurs cantonnements de la veille.

Les résultats obtenus étaient encore assez beaux pour que le général de Grœben pût s'en montrer fier. Les prisonniers faits dans les rues de Saint-Quentin, dans les faubourgs et les villages voisins, se comptaient par milliers. Il est vrai que Faidherbe ramenait toute son artillerie de campagne et que les Allemands s'emparèrent simplement de quelques pièces de petit calibre que l'on avait détachées de la brigade Isnard pour être placées sur des barricades et que personne n'avait songé à faire enlever dans le désarroi de la fuite. Mais, pour eux, la plus forte conséquence de cette lutte était d'avoir réellement et incontestablement vaincu Faidherbe.

Le lendemain, 20 janvier, le général de Grœben organisa la poursuite dans la matinée, sans paraître beaucoup tenir à entrer en contact avec nos arrière-gardes ni à regagner l'avance que nous avions prise pendant la nuit. Les Allemands ramassèrent encore beaucoup de traînards et de bagages le long des chemins. Ils constatèrent partout, dans les villages qu'ils traversèrent, un sentiment de lassitude inexprimable et de profond découragement.

Notre retraite avait été si rapide que les Prussiens n'avaient pu tout d'abord relever exactement la direction prise par l'armée. Ils la croyaient en marche sur Guise, alors que le 23e corps filait sur Cambrai et le 22e sur le Câteau. Pendant la nuit, après avoir suivi le 22e corps jusqu'à Essigny-le-Petit avec tout son état-major, Faidherbe escorté de ses dragons avait pris la route de Cambrai qui passe par Montbrehain. Il arriva le 20 janvier à 2 heures du matin à Cambrai et descendit à l'Hôtel de France, Place-au-Bois. Ce fut là que brisé de douleur et de fatigue, il annonça le résultat de la bataille de Saint-Quentin que l'on ignorait encore. Il repartit pour Lille, à deux heures de l'après-midi, dans un tel accablement que ses officiers le portèrent à son wagon.

Les troupes qui arrivaient avaient reçu l'ordre de suivre et ne faisaient que traverser la ville. Tout ce qui devait y rester pouvait former un détachement de 1,500 à 1,800 hommes de l'armée active et de 2,500 mobiles ou mobilisés. Cette garnison était commandée par le général Seatelli.

VI

EN PAYS CONQUIS

Les Prussiens dans le Cambrésis. — Soldats-espions. — Le pillage adminis tratif et hiérarchique. — Mœurs des officiers allemands étudiées par M. Ernest Lavisse. — Attentats contre la vie des particuliers. — Circulaire et protestation de M. de Chaudordy contre la barbarie allemande. — Réponse évasive de M. de Bismarck. — Confirmation de la circulaire Chaudordy par la presse étrangère. — Dossiers officiels français.

Cambrai s'attendait à une attaque et à un bouleversement; mais les Prussiens victorieux ne mirent aucune hâte à se présenter. Ils ne savaient pas si Faidherbe s'était renfermé dans la place et ils trouvaient qu'ils avaient reçu assez de coups et cueilli assez de lauriers pour avoir droit à un peu de repos

En s'avançant dans cette région du Cambrésis, qui n'avait pas encore subi leur funeste occupation, ils retrouvaient une occasion magnifique de mettre en usage ce génie de la réquisition et cette science du pillage que l'on chercherait vainement, à degré égal, chez les autres armées modernes.

Pour donner une idée de cette barbarie et de cette rapacité élevées à la hauteur d'un système, il faut écouter les doléances des témoins et des victimes de ces brigandages, imputables tantôt à des soldats, tantôt à une méthode administrative de rapine hiérarchique.

Un prêtre du pays, M. l'abbé Vassart, a réuni dans son ouvrage, les *Prussiens dans le Cambrésis,* une collection abondante de faits de ce genre et de cet ordre. Consigner ici la liste de ces exploits de l'armée victorieuse serait un travail de trop grande étendue. En se bornant au principal, la moisson n'est que trop riche.

Partout où les premières troupes allemandes se montrèrent, elles furent merveilleusement guidées. Les maisons riches et les bonnes caves étaient désignées à l'avance; mais le flair des conquérants n'avait rien de surnaturel. Parmi les uhlans d'avant-garde, les habitants retrouvèrent, en effet, d'anciennes connaissances. L'un d'eux avait parcouru les environs de Clary en se faisant passer pour marchand de bois. Un second interpellait une femme d'Avesnes-lez-Aubert pour lui réclamer le prix d'une coupe de drap qu'il lui avait vendue. Un troisième guidait ses camarades dans Marcoing où il avait été épicier. Un quatrième, qui avait été au service de M. Crépin, vint boire le champagne de son ancien maître au château de Proville. Et c'était ces hommes qui avaient vécu de notre vie, de notre pain, de notre négoce, qui se montraient les plus durs, les plus cruels, les plus malfaisants.

L'infanterie qui suivait les uhlans n'était ni moins pillarde ni moins brutale. Les soldats ne se contentaient pas de prendre ou de détruire : ils emballaient... Des caisses ont été saisies qui contenaient des marchandises neuves, enlevées dans des magasins ou des fabriques, et destinées incontestablement à être revendues en Allemagne. On vit des soldats mettre avidement la main sur des vêtements d'hommes, de femmes et même d'enfants. Ils pensaient si bien à tout qu'ils n'oubliaient pas de renouveler leur garde-robe, celle de leurs femmes, celle de leurs petits. Ils portaient des sacs où ils trouvaient toujours un vide pour caser le butin du jour. Les régiments traînaient à leur suite de véritables fourgons des Danaïdes.

M. l'abbé Vassart raconte qu'à Demicourt, chez M. Deleau, fermier, les officiers prirent les lits des habitants, sans pitié pour les femmes et les enfants. Ils se couchèrent bottés, éperonnés, et laissèrent leurs cavaliers, qui étaient au nombre de cent, donner des gerbes de blé pour litière à leurs chevaux, bien qu'il y eût de la paille en quantité dans les granges. A Maretz, des soldats arrêtent le nommé Blondiaux, coureur d'une fabrique de tissus. Sans aucun motif, ils le conduisent à coups de plat de sabre au Catelet et du Catelet à Saint-Quentin. Ce malheureux fut envoyé de là à Magdebourg, sans explication, et ne rentra en France qu'à la fin d'avril.

Au Câteau, les conquérants se signalaient par des actes du même genre. Ils avaient une prédilection particulière pour les chaussures. Des soldats enlèvent ses gants de laine à un facteur rural sur la route de Cambrai. D'autres volent les souliers d'un ouvrier qu'ils avaient pris comme guide et le laissent nu-pieds. La ville du Câteau est réquisitionnée de souliers pour toute la troupe et il est impossible d'en trouver un nombre suffisant. Que font les Allemands? Ils se précipitent dans les rues, pénètrent dans les maisons, enlèvent les chaussures dans les armoires qui en contiennent, ou même aux pieds des passants qu'ils ont arrêtés! Plusieurs personnes furent, par surcroît, dépouillées de leurs vêtements et réduites à rentrer chez elles en chemise et en caleçon. Les épiceries furent également mises au pillage. Les soldats amenaient à la porte des magasins des voitures qu'ils chargeaient paisiblement.

A la suite de tous ces brigandages et ces réquisitions en nature, les malheureuses populations n'étaient pas encore libérées. On avait eu affaire aux soldats et aux officiers de troupes. On avait ensuite affaire aux états-majors, aux chefs de corps; et ceux-là voulaient de l'argent.

Tous ces vainqueurs étaient insatiables. Ils sa-

Prussiens emballant un mobilier.

vaient que les écus valent les victoires et que la monarchie prussienne n'a jamais dédaigné les profits métalliques de la guerre. Aussi, partout, les chefs militaires se sont-ils montrés d'une exigence inqualifiable.

Sur ce point, l'abbé Vassart est tout aussi explicite que sur le chapitre interminable des déprédations. Les instructions envoyées à ce sujet au lieutenant-général de Barnekow sont d'ailleurs un modèle de précision. Les voici dans toute leur franchise.

« Je prie votre Excellence de lever aujourd'hui et demain des contributions dans les districts occupés par vos troupes. Je vous assigne les cantons de Clary et du Catelet, ainsi que ceux de Solesmes et de Carnières, autant que la chose sera possible dans ces derniers. On peut prendre pour règle 25 francs par tête, mais il ne sera pas toujours possible d'obtenir un taux aussi élevé.

« Il faut envoyer en arrière et au besoin emporter tout ce que l'on peut d'avoine. Il faut remplacer les chevaux que nous avons perdus et échanger ceux qui sont devenus impropres au service. Il est utile d'emmener beaucoup de bêtes à cornes.

VON GRŒBEN.

« Caudry, le 22 janvier 1871 ».

Ces contributions de guerre étaient perçues au moyen d'un procédé très simple. Le pays imposé ne peut-il pas payer? Les Prussiens saisissent des otages auxquels on ne rendra la liberté que le jour du paiement de la réquisition. Si ce jour tarde trop, les otages seront envoyés en Allemagne et incarcérés dans les casemates d'une citadelle.

Général ordonnant une réquisition.

Voilà comment on traitera les maires, les conseillers municipaux, les notables des communes. On intimidera. On jettera le désespoir dans les familles. Par cette pression morale, on parviendra à obtenir des malheureux qu'ils se dépouillent au delà de leurs moyens. On n'hésitera pas à porter la main sur des vieillards, sur des citoyens d'une santé délicate, et à placer leurs parents et leurs amis entre l'alternative de se ruiner ou de les exposer à une captivité dont les souffrances seraient sûrement mortelles. Fait-on preuve de justice dans ces estimations? Pas même! On exagère la contribution à dessein pour avoir l'air de faire des réductions alors que l'on se conduit avec l'âpreté de corsaires.

Le 23 janvier, le 41e régiment d'infanterie arriva au Câteau et la sommation suivante fut portée à la mairie.

« Par ordre du général en chef commandant la Première armée allemande, le général von Grœben, le canton de la (*sic*) Câteau-Cambrésis est chargé d'une contribution de guerre *en hauteur* de 25 francs par tête d'habitant.

« La somme est ainsi fixée à 850.000 francs payable en argent ou en nature.

Comte DE LIPPE,
« Général de division ».

Après des pourparlers, le maire du Câteau, M. Truffot, se retranchant derrière l'impossibilité matérielle de verser une pareille somme, obtint du comte de Lippe que la contribution fût réduite à 400.000 francs. C'était encore un joli denier.

Deux habitants, MM. Seydoux et Chantreuil, furent gardés comme otages jusqu'au moment où l'argent fut versé. Ce qui rendait plus qu'irrégulière la conduite du comte de Lippe en cette circonstance c'est que l'armistice avait été signé préalablement.

Bien qu'il eût été averti de l'armistice et bien que le Câteau fût en dehors des lignes allemandes, le comte jugea sage de garder ce qu'il avait trouvé bon à prendre et il n'évacua la ville qu'après y avoir été invité par un parlementaire venu de Cambrai avec un trompette et un gendarme.

L'abbé Vassart cite d'autres faits qui ne sont pas davantage à l'honneur des Allemands. Ils extorquèrent 7.000 francs à la commune de Primont en arrêtant deux otages et obtinrent 5.000 francs de la commune d'Elincourt en la menaçant d'incendie.

Le tableau des réquisitions en argent levées par les Allemands a été dressé à la mairie du Câteau. En voici le détail :

Basuel. . . .	1,228	habitants	15,349	francs
Beaumont. . .	901	—	10,737	—
Saint-Benin . .	708	—	8,437	—
Le Câteau. . .	9,974	—	118,861	—
Câtillon. . . .	2,696	—	32,129	—
Honnechy. . .	1,418	—	16,899	—
Inchy	1,715	—	20,438	—
La Groise. . .	1,084	—	12,918	—
Maurois . . .	900	—	10,726	—
Mazinghien . .	1,243	—	14,813	—
Montay. . . .	526	—	6,269	—
Neuvilly. . . .	2,510	—	29,912	—
Ors.	1,175	—	14,003	—
Pommereuil . .	1,570	—	18,670	—
Reumont . . .	1,018	—	12,132	—

Saint-Souplet. .	2,813 habitants	33,523 francs
Troisvilles. . .	2,026 —	24,144 —

Le total des réquisitions s'élevait pour le canton à 399,960 francs, ce qui établissait une contribution de 12 francs par tête environ.

Cette manière de procéder ne fut pas spéciale à la contrée. Partout où les Allemands purent s'arrêter, ils pillèrent et réquisitionnèrent avec la même sauvagerie dans les moyens et le même esprit de calcul dans l'établissement des taxes.

Parmi de si nombreux témoignages qui établissent la véracité des accusations portées contre les conquérants, il faut citer celui de M. Ernest Lavisse (1).

En dépit de la politesse qu'affectaient les officiers, l'éminent historien démontre qu'ils étaient en réalité aussi voleurs que leurs soldats et qu'ils faisaient preuve d'un despotisme révoltant dans les maisons où ils logeaient. Ils exigeaient non seulement d'être traités, mais même de l'être luxueusement, amicalement. « Celui-ci, écrit M. Lavisse, critique le menu du dîner, réclame le plat sucré qui manque; celui-là veut du feu dans toutes les chambres qui composent son appartement et, à côté de sa lampe, une bougie, pour allumer plus commodément son cigare. Un autre invite ses amis à visiter son logement;

(1) *Essais sur l'Allemagne impériale.*

il fait demander quelques bouteilles d'un vin qu'il a bu la veille et qu'il trouva à son goût : on les lui envoie. Il lui faut encore des pâtisseries, qu'on fournit, et des citrons, qu'on ne trouve pas; mais l'ordonnance en va chercher et réclame 65 centimes au maître de la maison ». Un autre (1), un colonel, est logé dans une maison dont le maître possède trois chevaux, dont un de selle, que l'officier admire en connaisseur. Au dîner, la conversation était fort animée ; le colonel était d'une humeur charmante. Au dessert, il demande du champagne, mais les dernières bouteilles avaient été bues avec des officiers français. Le domestique, envoyé dans le village, rapporte une bouteille trouvée à grand'peine, mais il ajoute que le général, logé dans une maison voisine, en fait partout chercher une. « Dois-je envoyer celle-ci à monsieur le général ? » demande le maître de la maison, qui, la main au bouchon, s'arrête et veut savoir jusqu'où ira chez son hôte le respect hiérarchique. « Il vaut mieux, répond gracieusement le colonel, que nous la buvions ensemble ». Le dîner fini, le colonel monte à sa chambre et ne reparaît plus. Les deux officiers allument des cigares. Debout, le dos à la cheminée, le capitaine dit tout à coup d'un air indifférent : « Monsieur, nous avons été, à notre grand regret, obligés de requérir votre cheval. — Mon

(1) *Id. Ibid.*

cheval! c'est une plaisanterie, n'est-ce pas? — Nous ne faisons jamais de plaisanterie. — Vous avez requis mon cheval; eh bien! vous ne l'aurez pas vivant! — Nous l'avons déjà : il n'est plus dans votre cour! » Le propriétaire volé sort en claquant les portes. Il apprend de son domestique que, pendant le dîner, le capitaine est venu dire : « Votre maître m'a vendu son cheval; allez le seller et le brider », et qu'un cavalier, en effet, a emmené la bête. Il rentre au salon. « Je croyais, dit-il, avoir affaire à des gentilshommes; je vois que je me suis trompé ». A ces mots, les cigares volent en l'air. « Parce que nous vous avons admis à notre table, crie le capitaine, vous faites l'insolent! Un mot de plus, et nos hommes vous enchaînent dans votre cave! »

Tous les récits locaux sont unanimes. Tous, pendant la guerre et pendant l'armistice, révèlent des faits analogues. C'est ainsi que se comporte, sur la Loire, sur la Somme, dans l'Est, dans les environs de Paris, cette nation si fière de sa culture intellectuelle.

Mais le réquisitoire a été dressé en pleine souffrance, sous le coup même de l'injure, de l'exaction, de la violence. Il a été publié. Il a été jeté comme un cri de détresse à toutes les chancelleries d'Europe par notre délégué aux affaires étrangères du gouvernement de Tours : par M. le comte de Chaudordy.

Dans cette pièce saisissante de vérité, M. de Chaudordy accumule à la charge des vainqueurs les faits odieux, iniques et brutaux. « La civilisation, écrit-il, n'est-elle pas méconnue complètement, lorsqu'en se couvrant des nécessités de la guerre on incendie, on ravage, on pille la propriété privée, avec les circonstances les plus cruelles..... Nous n'insisterons pas sur les réquisitions démesurées en nature et en argent, non plus que sur cette espèce de marchandage militaire qui consiste à imposer les contribuables au delà de toutes leurs ressources. Nous laissons à l'Europe le soin de juger à quel point ces excès furent coupables; mais on ne s'est pas contenté d'écraser ainsi les villes et les villages, on a fait main basse sur la propriété privée des citoyens (1) ».

Et le diplomate énumère les vêtements, les bijoux (2), l'argenterie enlevés chez des particuliers et chargés sur des fourgons, l'argent monnayé volé, des caves entières déménagées, des marchandises saisies dans les magasins et emballées, des villes pillées pour punir des actes de résistance isolés, des maisons brûlées pour avoir logé ou nourri un franc-tireur.

(1) Comte de Chaudordy. — Circulaire aux agents diplomatiques. 29 Novembre 1870.

(2) Dépêche télégraphique : « Le général commandant la division de Bordeaux au Ministre de la guerre. — 14 Novembre 1870. — Les prisonniers bavarois arrivés à Oloron sont détenteurs de valeurs importantes en or français, de chaînes de montre *et d'une quantité considérable de bijoux de femmes*. Signé : Fœtz. »

La vie humaine a-t-elle été plus respectée que la propriété? M. de Chaudordy pose la question et les faits lui répondent encore. Ce sont des paysans fusillés pour avoir cru qu'ils avaient le droit de défendre le sol natal, des citoyens condamnés à mort pour avoir tenté de franchir les lignes prussiennes pour leurs affaires privées, des villes ouvertes bombardées, mises à feu et à sang sans avertissement préalable, et, enfin, violation plus flagrante de tous les droits de la guerre! des soldats portant un uniforme légalisé, pourvus de commission, passés par les armes comme irréguliers!

Il a été fait plus encore. Partout le conquérant s'est emparé d'otages, non pas seulement pour s'assurer le paiement des contributions de guerre, mais pour garantir sa sécurité et la circulation de ses transports. Il a été décidé qu'à la moindre alerte tel notable, désigné à l'avance, sera puni de prison, d'exil ou de mort. A Dijon, Gray et Vesoul, l'autorité militaire choisit quarante otages parce que le gouvernement français détient quarante capitaines de navires allemands régulièrement capturés. Cette même autorité a forcé des paysans à travailler à ses fortifications et des vieillards à monter sur des locomotives (1) pour ôter à la population l'envie de tirer sur les convois.

(1) Une lettre de Reims contient les détails navrants qui suivent :

« L'un des membres du Conseil municipal de Reims, obligé, comme notable,

Le dossier est complet, les articulations sont précises et il faut lire la réponse de M. de Bismarck à la circulaire de Chaudordy pour se pénétrer davantage de la mauvaise foi des vainqueurs.

Par là, on vit les mensonges de la civilisation allemande ; et ces horreurs de la guerre attestent que les

à monter sur la locomotive d'un train qui se dirigeait sur Épernay, a été tué dans une collision entre ce train et un autre qui venait vers Reims. Le choc a été le résultat de la maladresse du mécanicien. (*Exactions. Vols et cruautés des armées prussiennes en France.*)

Nancy, le 18 octobre 1870.

« Plusieurs *endommagements* ayant eu lieu sur les chemins de fer, M. le commandant de la 3e armée allemande a donné l'ordre de faire accompagner le train par des habitants connus et jouissant de la considération générale.

« On placera ces habitants sur la locomotive de manière à faire comprendre que tout accident causé par l'hostilité des habitants frappera en premier lieu leurs nationaux.

« MM. les Préfets sont priés d'organiser, d'accord avec la direction des chemins de fer et les commandants d'étapes, un service régulier d'accompagnement.

Le commissaire civil en Lorraine :
MARQUIS DE VILLERS.

Modèle de l'ordre adressé aux notables désignés pour accompagner les trains

Nancy, le ... 1870.

« Monsieur......... est invité à se rendre, à vue de la présente, à la gare du chemin de fer de Nancy pour accompagner, par mesure de sûreté, le train partant à ... heures ... minutes pour...

En cas de refus, la gendarmerie procèdera à la contrainte par corps.

Le commandant d'étapes :
N...

(*Exactions. Vols et cruautés des armées prussiennes en France*).

idées d'humanité et de droit ne sont sincères que dans la bouche des philosophes et des penseurs, tandis que les hommes d'État et les généraux ne s'en servent le plus souvent que pour habiller d'une généreuse rhétorique leurs passions et leurs instincts.

Mais le rapport de M. de Chaudordy cherche-t-il à provoquer l'indignation et la réprobation de l'Europe par la forme dans laquelle il est rédigé ? Nullement. Les journaux anglais et italiens sont les premiers à le reconnaître.

Le correspondant du *Daily Telegraph* le proclame hautement : « Pour ce qui concerne la circulaire de M. de Chaudordy, écrit-il, si j'étais placé sous l'affirmation d'un serment, je dirais qu'en me référant de ce que j'ai vu en Alsace, en Lorraine, dans le département de l'Oise et partout où les Prusssiens ont été, cette circulaire n'est pas allée au delà, elle est restée en deçà de la vérité ».

Le *Standard* confirme un des faits dénoncés par M. de Chaudordy : « Les Prussiens se sont plaints amèrement que, lorsque le général von der Tann fut obligé de quitter Orléans, les Français avaient saisi quelques wagons d'ambulance; mais cette saisie était parfaitement légitime, *car ces wagons étaient bondés de vêtements de femmes et d'enfants, de boucles d'oreilles, d'effets personnels de toute sorte* ».

Les fourgons des Danaïdes. (Page 263.)

Le même journal contient une autre accusation plus infamante encore contre les brutalités auxquelles fut exposée, à Versailles, l'ambulance hollandaise de M. Van der Welde. En revenant de Champigny, les Prussiens amenèrent leurs blessés et, pour les loger, tirèrent de leurs lits les blessés français qu'ils jetèrent sur le plancher. Le personnel médical ayant protesté, ils chassèrent les Hollandais de l'ambulance en s'emparant du matériel qu'elle avait apporté et M. Van der Welde fut obligé de retourner à La Haye avec tout son monde après avoir été maltraité et dépouillé.

Comment s'étonner de cette férocité, lorsque l'on sait qu'à Châteaudun des blessés français enlevés par les pieds et la tête furent lancés dans les rues par les fenêtres !

Eugène Mayer, ordonnance d'état-major, écrit à sa mère une lettre reproduite par l'*Evening Standard*. Cette lettre prouve que les Allemands n'ont pas même dans cette barbarie l'excuse de la fureur ou de la vengeance.

« Nous sommes tous devenus de véritables voleurs, écrit Mayer... Les officiers gardent la préséance qui leur est due et volent de magnifiques harnachements de chevaux, et, particulièrement des tableaux de grande valeur dans les châteaux. Pas plus tard qu'hier, notre adjudant, le prince de Waldeck m'a dit : « Mayer, faites-moi le plaisir de voler tout ce que vous pourrez m'apporter, nous prouverons au moins à Moltke qu'il ne nous a pas fait faire cette guerre pour rien ».

Un autre Allemand, M. Hans Wachenhausen, adresse de Chartres, le 5 décembre, des confidences à la *Gazette de Cologne* qui les reproduit cyniquement.

« Nous menons, avoue M. Wachenhausen, une véritable vie de brigands. Les habitants des villages crient aux soldats qui les traversent *Nicht brod! Nicht fleisch!* (1) Et ce n'est que trop vrai que ces malheureux sont réduits à un dénûment absolu. De nombreuses localités ont été livrées aux flammes. A Viaton, « chaque coup de feu tiré d'une fenêtre a été puni par la destruction d'une maison. A Bonnevel, on dirait que le village est mort (2) ».

Les pièces officielles françaises grossissent encore ce lamentable dossier.

Le commissaire de police de Louhans a recueilli la déposition d'un sieur Gillot, émouleur et limeur de scies, domicilié à Audernay (Meuse). Ce malheureux déclare que, le 8 septembre, des Prussiens arrivés dans la localité se sont livrés à tous les excès inimaginables, ont violé des jeunes filles et les ont massacrées à coups de baïonnette. La fille de ce malheureux Gillot a été tuée ainsi sous les yeux de son père.

(1) Pas de pain ! Pas de viande ! *Exactions, vols et cruautés des armées prussiennes.* (Extraits des journaux étrangers.)

(2) *Id. Ibid.*

A Saint-Calais, un combat ayant été livré par un détachement de cavaliers et de francs-tireurs, les Prussiens entrèrent dans la ville au nombre de 400. Leur chef arrêta provisoirement le conseiller municipal faisant les fonctions de maire, leva des réquisitions en nature, se fit remettre 15.000 francs séance tenante et accorda à ses hommes une heure de pillage pour châtier la ville d'avoir été défendue par des combattants appartenant à l'armée de la Loire. Ces faits ont été l'objet d'une protestation du général Chanzy, adressée bien inutilement d'ailleurs au commandant prussien à Vendôme,

Il est aussi nécessaire de citer le rapport du préfet des Ardennes au Ministre de l'Intérieur sur l'affaire de Launois.

Des francs-tireurs avaient surpris dans cette localité un détachement de cavalerie prussienne et capturèrent sept dragons. Le lendemain, les Prussiens firent prisonniers sept francs-tireurs dans un petit combat livré à Boulzicourt. Ces prisonniers furent conduits à Mézières, jetés dans une cave, traduits en conseil de guerre et condamnés à mort, bien que porteurs de commissions parfaitement en règle. Mais les Prussiens, suspendant l'exécution, firent savoir au préfet des Ardennes, par leurs prisonniers eux-mêmes, qu'ils feraient grâce aux francs-tireurs si on renvoyait leurs sept dragons. Après en avoir référé au Ministre, le Préfet fit savoir au commandant prussien à Boulzicourt que les dragons lui seraient renvoyés et que l'administration de la guerre les faisait rechercher d'urgence. A cette nouvelle, les familles de ces malheureux les crurent définitivement sauvés ; mais, un changement de cantonnements ayant été assigné aux troupes logées à Boulzicourt, le commandant emmena ses prisonniers, passa par Launois et les fit fusiller sous les yeux de leurs femmes, de leurs enfants et de leurs mères.

L'énoncé de faits aussi barbares prouve, avec le témoignage des journaux étrangers, la modération de la circulaire de Chaudordy. Elle atteste le martyre des populations foulées par la conquête, martyre qui ne pouvait provoquer dans la nation qu'une insurmontable épouvante ou la folie du désespoir.

L'impuissance de nos généraux à obtenir un avantage décisif ou même à contenir l'invasion devait donc naturellement produire un courant invincible en faveur de la paix. Les militaires la souhaitaient, se sentant hors d'état de vaincre ; les citoyens faisaient les mêmes vœux après avoir éprouvé le mépris des Prussiens pour le droit des gens et pour tout sentiment humain.

VII

FIN DES OPÉRATIONS MILITAIRES.

Le général de Grœben se borne à surveiller Faidherbe et prépare une expédition contre Abbeville. — L'armistice met fin aux opérations militaires. — Situation de l'Armée du Nord. — Impossibilité de continuer la guerre. — Rapport de Faidherbe à Gambetta.

Le 21 janvier, les Français avaient réussi par la célérité de leur retraite à se mettre à l'abri des places fortes du Nord. L'état lamentable des routes avait ralenti la marche des troupes allemandes qui ne nous suivaient qu'avec une circonspection difficile à expliquer, puisque l'ennemi n'ignorait pas notre désorganisation complète.

Cambrai et Landrecies sommées de se rendre, refusèrent d'ouvrir leurs portes et les vainqueurs n'insistèrent pas, ne possédant point de matériel de bombardement.

Le général de Grœben, jugeant difficile et imprudent d'aller chercher l'armée française derrière les places fortes du Nord (1), se contenta de faire observer les mouvements de Faidherbe et prit des dispositions pour occuper fortement tout le bassin de la Somme. Il pensait également à préparer une expédition contre Abbeville où nous nous étions maintenus, quand une dépêche du grand quartier général lui annonça qu'un armistice venait d'être conclu avec le gouvernement de Paris et que les hostilités étaient suspendues à dater du 31 janvier.

On peut considérer à ce moment les opérations de l'Armée du Nord comme terminées, puisque la paix allait être négociée à la suite de la capitulation de Paris.

Le général Faidherbe a publié que, s'il avait fallu reprendre les armes, il aurait été prêt dès les premiers jours de février. Cette affirmation est parfaitement exacte. Il eût été possible de combattre encore ; mais le général en chef, dans un rapport adressé à Gambetta, démontre que c'eût été par héroïsme pur et sans aucun espoir de rétablir notre fortune militaire.

Le rapport de Faidherbe ne laisse, en effet, aucune illusion sur le possibilité de tenir tête dans le Nord aux forces de la Premiere Armée grossies des renforts rendus disponibles par la capitulation de Paris et il ne s'attarde pas

(1) Le général Faidherbe confirme ce sentiment de prudence excessive du général de Grœben en citant les instructions suivantes extraites de l'ordre d'armée du 21 janvier et concernant le général de Kummer : « s'il vient à être serré de près par l'ennemi, il devra se retirer sur Amiens ».

davantage à croire à la durée de la résistance des places fortes de la région. C'est un aveu complet de la nécessité de signer la paix et cet aveu tombe de la plume du soldat qui, avec Chanzy, déploya pendant la terrible campagne le plus d'activité et d'énergie.

Quand on envisage d'ensemble toute cette campagne du Nord, même avec ses fautes et ses défaillances, on y reconnaît un grand effort, un devoir austère rempli jusqu'au bout par des hommes d'une incomparable abnégation. Il faut retenir les noms de Faidherbe, de Lecointe, de du Bessol, de Pittié, de Tramond, de Derroja, d'Aynès, de Giovaninelli et de Fœrster, parmi les plus marquants, car ces hommes soutinrent une lutte effroyable et assumèrent une très lourde responsabilité.

Si les résultats obtenus ne répondirent pas à l'énergie dépensée, aux périls affrontés, aux souffrances subies, il ne faut pas en accuser les hommes. Ils firent du mieux qu'ils purent en disputant pied à pied le sol à une armée disciplinée, victorieuse, pourvue des meilleurs services administratifs, éclairée par une cavalerie magnifique, appuyée par une artillerie formidable.

Ces soldats du Nord, que Manteuffel et Grœben auraient pu écraser d'un seul coup, inspirèrent par leur tenue aux généraux allemands une prudence qui permit à la défense de se prolonger, de paralyser des troupes nombreuses et de les tenir souvent en échec.

Le pays, qui n'a pas oublié les services rendus, a conservé un souvenir respectueux et ému de l'œuvre de Chanzy et de celle de Faidherbe. Il a rendu hommage au courage malheureux et au dévouement à la patrie, et, en gardant la mémoire fidèle de ces soldats glorieux de 1870-71, il a montré que les rudes leçons de la guerre n'avaient pas été perdues pour lui.

Il ne faut pas qu'elles soient perdues non plus pour les générations auxquelles nous transmettrons bientôt l'écrasant héritage que nous reçûmes nous-mêmes, héritage de complications diplomatiques et de permanentes menaces que la politique de M. de Bismarck a légué à l'Europe, à sa propre patrie, aussi bien qu'à notre pays de France.

FIN.

Marly-le-Roi, 1894.

TABLE DES GRAVURES

LÉGENDE

Villes fortifiées

Limite frontière

Routes Nationales

Canaux

Chemins de fer

Echelle en Kilomètres

0 5 10 15 20 25 30 35 40 K.

P. Bineteau del.

CARTE DES OPÉRATIONS MILITAIRES DE L'ARMÉE DU NORD.

TABLE DES MATIÈRES

IV. — MARCHE SUR AMIENS

V. — VILLERS-BRETONNEUX

VI. — CONSÉQUENCES DE LA JOURNÉE DE VILLERS-BRETONNEUX

VII. — OCCUPATION D'AMIENS

DEUXIÈME PARTIE

PONT-NOYELLES

I. — PLAN DE MANTEUFFEL

II. — AFFAIRE DE QUERRIEUX

III. — BATAILLE DE PONT-NOYELLES

IV. — NUIT DE LA BATAILLE

V. — EN RETRAITE SUR ARRAS

VI. — SIÈGE DE PÉRONNE

TROISIÈME PARTIE

BAPAUME

I. — AFFAIRES D'ACHIET-LE-GRAND ET DE BÉHAGNIES

QUATRIÈME PARTIE

SAINT-QUENTIN

EN VENTE A LA MÊME LIBRAIRIE

JOURNAL D'UN LYCÉEN DE 14 ANS

PENDANT LE SIÈGE DE PARIS (1870-1871)

Par Edmond **DESCHAUMES**

Ouvrage ill. de 20 grav. hors texte et d'une carte. Un vol. in-8°, papier fort.

Broché . . . . 8 fr.
Cartonné tranches dorées . . . . 12 fr.
Relié, dos chagrin, tranches dorées ou amateur . . . . 13 fr.

LA RETRAITE INFERNALE

ARMÉE DE LA LOIRE 1870-1871

Par Edmond DESCHAUMES

Ouvrage illustré de 26 gravures hors texte et d'une carte de la campagne de la Loire. Un volume in-8°, papier fort.

Broché . . . . 8 fr.
Cartonné tranches dorées . . . . 12 fr.
Relié, dos chagrin, tranches dorées ou amateur . . . . 13 fr.

LA GUERRE DE CRIMÉE

Par Gustave MARCHAL

Ouvrage illustré de 26 gravures hors texte. Un volume in-8°, papier fort.

Broché . . . . 8 fr.
Cartonné tranches dorées . . . . 12 fr.
Relié, dos chagrin, tranches dorées ou amateur . . . . 13 fr.

LE DRAME DE METZ (1870)

Par Gustave MARCHAL

Ouvrage ill. de 20 grav. hors texte et de 4 cartes. Un vol. grand in-8°, papier fort.

Broché . . . . 8 fr.
Cartonné tranches dorées . . . . 12 fr.
Relié, dos chagrin, tranches dorées ou amateur . . . . 13 fr.

TYPOGRAPHIE FIRMIN-DIDOT ET Cie. — MESNIL (EURE.)

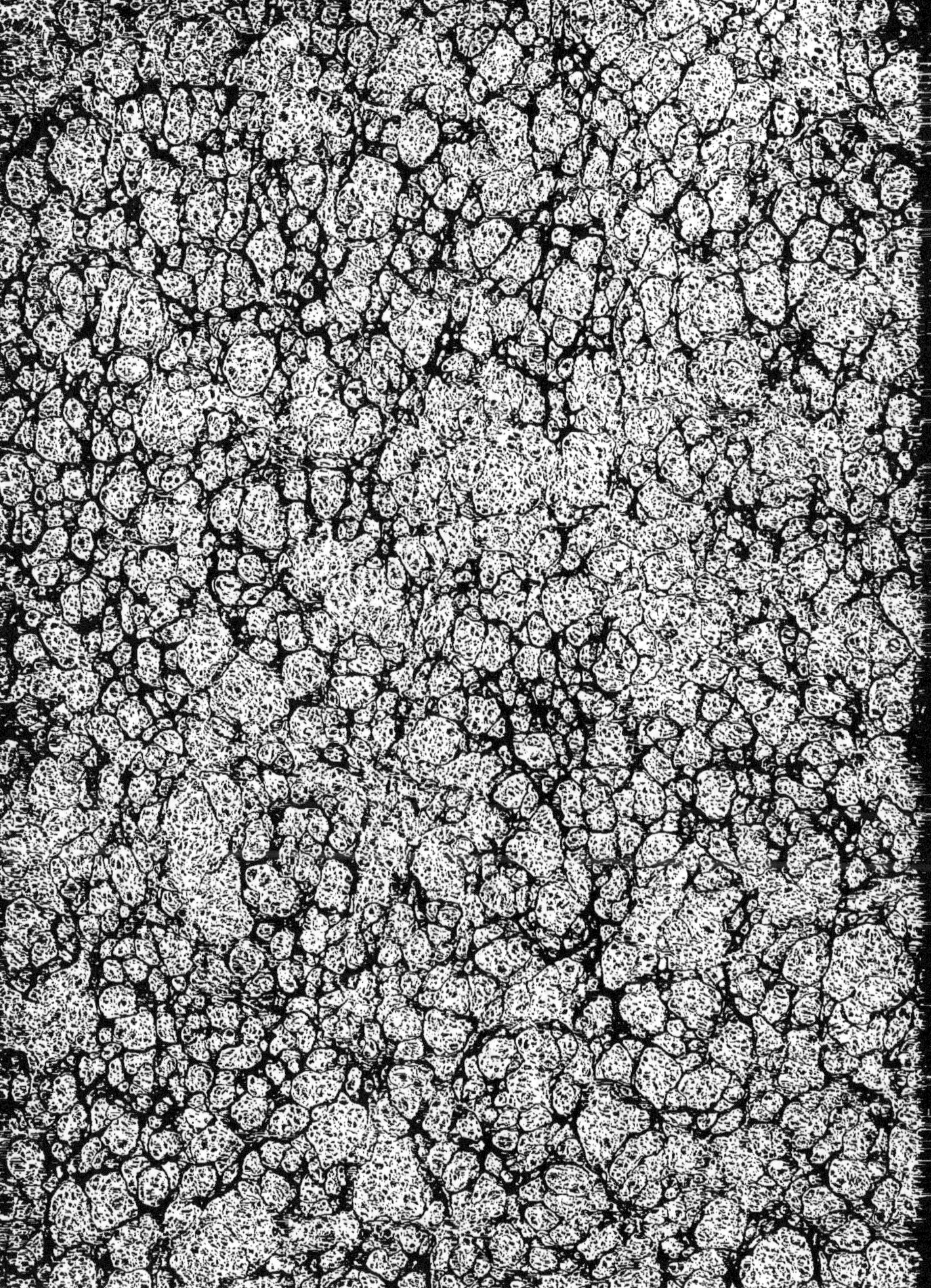

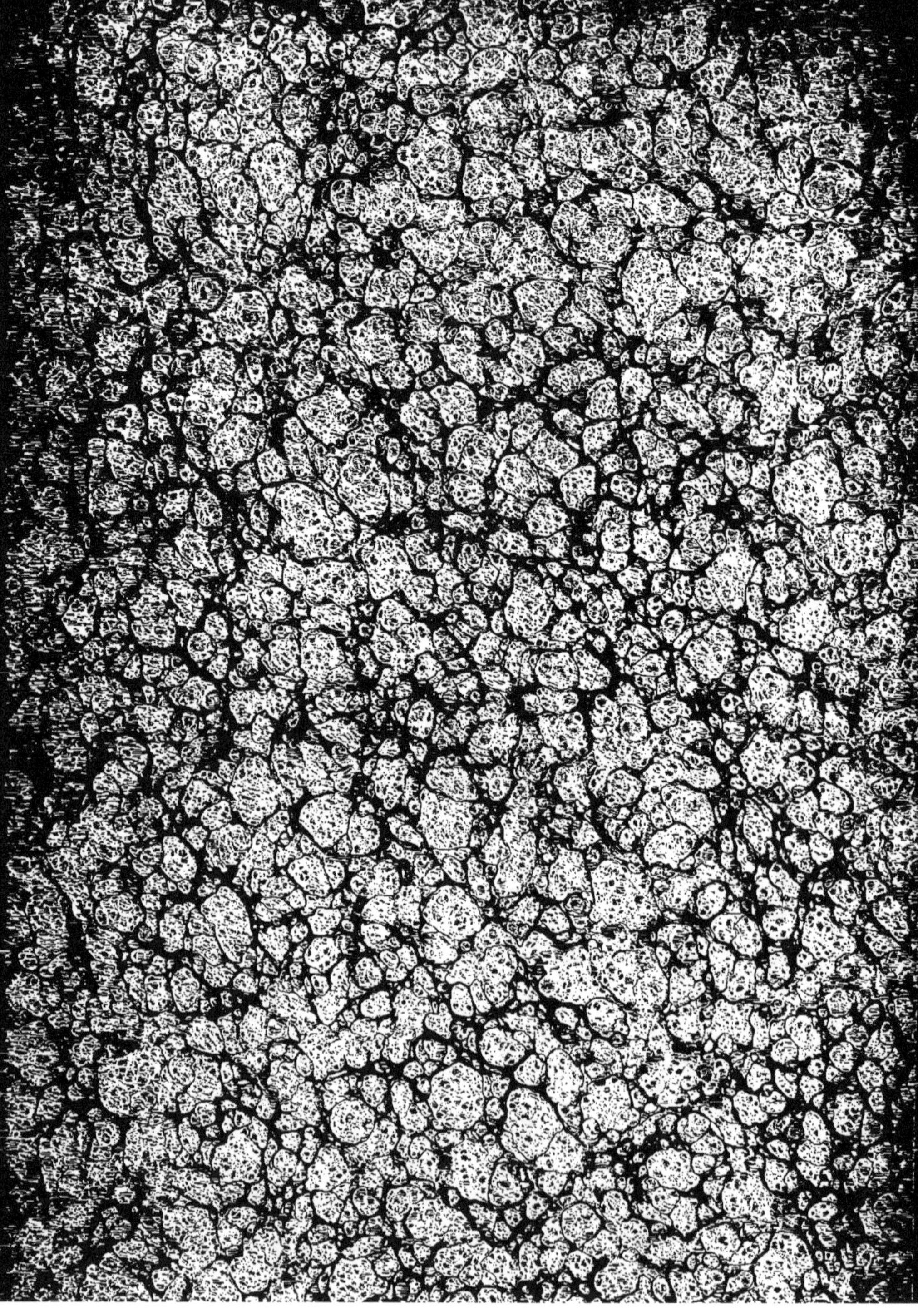

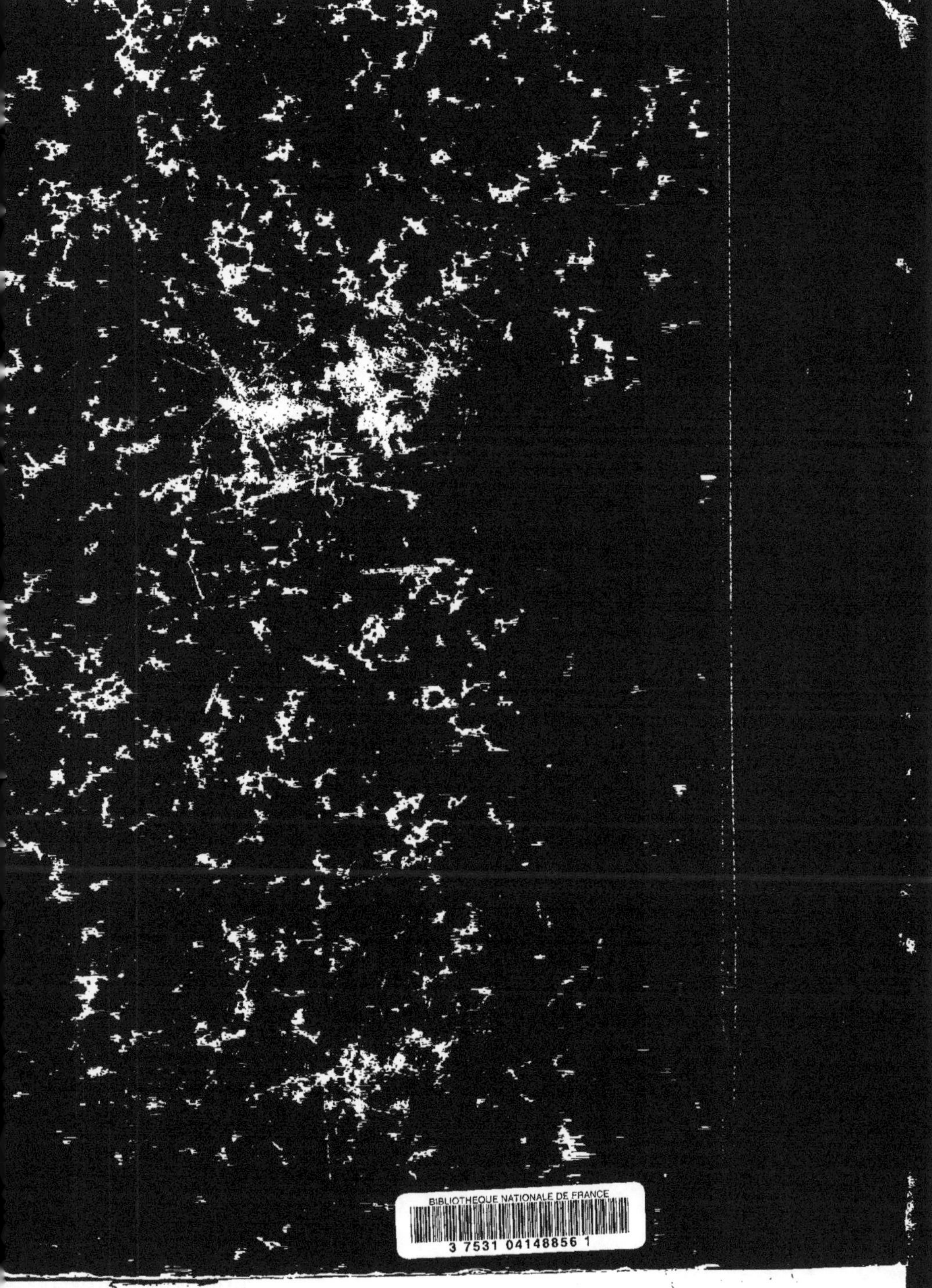

www.ingramcontent.com/pod-product-compliance
Ingram Content Group UK Ltd.
Pitfield, Milton Keynes, MK11 3LW, UK
UKHW031044260726
13965UKWH00006B/346

9 782012 992108